CRISTIANISMO BEM EXPLICADO

CRISTIANISMO BEM EXPLICADO

Respostas claras para um mundo confuso

—

AUGUSTUS NICODEMUS

Copyright © 2020 por Augustus Nicodemus Lopes
Publicado por Editora Mundo Cristão

Os textos das referências foram extraídos da *Nova Versão Transformadora* (NVT), da Editora Mundo Cristão (com permissão da Tyndale House Publishers, Inc.), salvo indicação específica.

Todos os direitos reservados e protegidos pela Lei nº 9.610, de 19/02/1998.

É expressamente proibida a reprodução total ou parcial deste livro, por quaisquer meios (eletrônicos, mecânicos, fotográficos, gravação e outros), sem prévia autorização, por escrito, da editora.

Edição
Maurício Zágari

Preparação
Natália Custódio

Produção e diagramação
Felipe Marques

Colaboração
Ana Luiza Ferreira

Capa
Douglas Lucas

CIP-Brasil. Catalogação na Publicação
Sindicato Nacional dos Editores de Livros, RJ

N537c

  Nicodemus, Augustus
    Cristianismo bem explicado : respostas claras para um mundo confuso / Augustus Nicodemus. - 1. ed. - São Paulo : Mundo Cristão, 2020.

    ISBN 978-65-86027-40-2

    1. Bíblia - Crítica, interpretação, etc. 2. Cristianismo. I. Título.

20-64822   CDD: 220.6
                               CDU: 27-23

Publicado no Brasil com todos os direitos reservados por:
Editora Mundo Cristão
Rua Antônio Carlos Tacconi, 69
São Paulo, SP, Brasil
CEP 04810-020
Telefone: (11) 2127-4147
www.mundocristao.com.br

Categoria: Igreja
1ª edição: outubro de 2020 | 2ª reimpressão: 2023

Ao Conselho da Primeira Igreja Presbiteriana do Recife (PE), que me abrigou em um momento decisivo de meu ministério, dando-me a oportunidade de lhe servir pela terceira vez.

SUMÁRIO

Agradecimentos — 9
Prefácio — 11
Introdução — 15

1. O homem e o mundo — 17
   O cristão em um meio não cristão

2. Deus e o mundo — 47
   A soberania divina sobre tudo o que há

3. A mente do mundo — 79
   Heresias, erros e crendices sobre temas bíblicos

Sobre o autor — 157

AGRADECIMENTOS

O maior crédito por este livro é dos ouvintes do programa *Em poucas palavras*, que nos enviaram as perguntas que deram origem ao conteúdo desta série. Agradeço a todos que levantaram questões de natureza teológica, bíblica, social e política, ou mesmo questionamentos aparentemente triviais e corriqueiros, mas que representam dúvidas de muitos cristãos.

Agradeço ao Conselho da Primeira Igreja Presbiteriana do Recife, na pessoa de seu presidente, Rev. Dr. Cláudio Henrique Albuquerque, por me liberar dos afazeres pastorais diários a fim de que eu me dedicasse à revisão deste material, que, esperamos, servirá de auxílio a muitos que buscam respostas para suas indagações.

Agradeço à equipe da Editora Mundo Cristão, que como sempre fez um trabalho fantástico de passar para a forma escrita os áudios do programa *Em poucas palavras*, dando-lhes cara de livro e fazendo um primoroso trabalho de edição.

Agradeço à minha esposa, Minka. Com sua dedicação ao marido e ao lar, manteve-me encorajado, disposto e disponível para terminar este livro. A ela minha eterna gratidão.

PREFÁCIO

Nosso tempo tem sido marcado por significativas contradições. Talvez uma das mais notórias seja saber que nunca na história tivemos tão fácil acesso à informação e, ao mesmo tempo, tanta falta de conhecimento. Junta-se a isso o fato de que um terço dos universitários brasileiros é composto por analfabetos funcionais, isto é, eles sabem ler, mas não entendem o que leem. O pior é que, para nossa tristeza, os evangélicos não fogem à regra. Mesmo tendo herdado da Reforma Protestante uma significativa herança de incentivo à leitura e ao estudo, nesse aspecto boa parte deles pouco se diferencia da população em geral. A consequência disso é que um número incontável de cristãos tem navegado no mar da ignorância, substituindo a verdade por conceitos, valores e doutrinas cujo fundamento não se encontra na Palavra de Deus, mas, sim, em seus achismos e interpretações equivocadas.

Entendo que boa parte dos pastores e, por conseguinte, da igreja brasileira desconheça verdades simples do evangelho, não sabendo explicar o que a Bíblia diz sobre muitos assuntos. Ouso afirmar que doutrinas basilares da fé cristã têm sido negligenciadas por pastores das mais variadas denominações, proporcionando o entendimento equivocado da fé, bem como a elaboração de doutrinas absolutamente antagônicas às reveladas pelas Escrituras.

Este livro, escrito pelo meu amigo Augustus Nicodemus, contrapõe-se em muito a essa geração simplista e pragmática que, em nome do sucesso, optou por ensinar o que dá certo e não o que é certo. Com vasto conhecimento bíblico e sem prolixidade, o autor oferece respostas bíblicas a inúmeros questionamentos relacionados ao cotidiano, tais como se cristãos e muçulmanos adoram o mesmo Deus; se é possível ungir com óleo; se o Senhor fala por visões, sonhos e revelações; ou o que significa ser batizado com Espírito Santo, ser batizado com fogo e ser cheio do Espírito Santo.

Vale a pena ressaltar que este livro não é fruto de elucubrações desvairadas de um curioso que pensa entender de teologia. Muito pelo contrário, esta obra traz conhecimentos de um dos mais capacitados e qualificados teólogos brasileiros, que com graça, sabedoria e firmeza tem servido de referência para a Igreja de Cristo em nosso país.

Minha sugestão é que você aproveite cada palavra deste livro, saboreando lentamente as doutrinas por ele defendidas. Medite, reflita e aplique em seu dia a dia as maravilhosas e doces verdades bíblicas que apontam, de forma inexorável, para um Deus bom e misericordioso. Além disso, afirmo com convicção que aqueles que buscarem informações por meio desta literatura obterão respostas que os farão experimentar uma fé saudável e equilibrada, sendo enriquecidos tanto em sabedoria como em conhecimento.

Recomendo a leitura!

Renato Vargens
Pastor sênior da Igreja Cristã da Aliança, em Niterói (RJ)

INTRODUÇÃO

Este é o quarto volume da série de livros que a Editora Mundo Cristão editou e publicou contendo centenas de perguntas que os ouvintes do programa *Em poucas palavras* enviaram para mim e para o apresentador Nátsan Matias. Os três primeiros são *Cristianismo descomplicado*, *Cristianismo simplificado* e *Cristianismo facilitado*. O conteúdo com as respostas para essas perguntas foi distribuído entre os livros, cabendo a *Cristianismo bem explicado* questões relacionadas com "O homem e o mundo", "Deus e o mundo" e "A mente do mundo". O mérito dessa divisão fácil de entender e de seguir é do editor Maurício Zágari. Dentro dessas áreas reunimos perguntas que tratam de temas afins.

Em que pese a tendência das novas gerações de se informar mais e mais acerca de assuntos teológicos por meio de mídias sociais e serviços de *streaming*, o livro impresso continua a desempenhar uma função insubstituível, que é a de manter o contato direto do leitor com as páginas físicas. Com isso, ele pode sentir o peso do livro, riscá-lo, apreciar a textura da capa e exibir o volume autografado pelo autor diante de outras pessoas. Por essa razão, apesar da grande popularidade do programa *Em poucas palavras* em formato *podcast*, esta série de livros tem se demonstrado incrivelmente vigorosa nas vendas.

Uma observação: as perguntas que formam a base desta série começaram a ser respondidas em 2014, quando iniciamos o programa. Muito me impressionaram a variedade e a complexidade dos questionamentos e, mais ainda, o fato de que existem temas recorrentes e constantes, para os quais não conseguimos oferecer respostas definitivas e satisfatórias. Desse modo, há assuntos que voltam à pauta de diferentes maneiras. Tais considerações têm me levado a concluir que livros como os desta série são necessários para ajudar uma geração de evangélicos que está sedenta por respostas bíblicas para as mais diferentes situações que enfrentam — e que muitas dessas situações são compartilhadas por um grande número deles.

Com alegria, entregamos *Cristianismo bem explicado* à igreja brasileira. Que o livro cumpra a promessa que acompanha seu título!

1

O HOMEM E O MUNDO

O cristão em um meio não cristão

É CORRETO DIZER QUE ACEITAMOS JESUS DEVIDO AO NOSSO LIVRE-ARBÍTRIO?

O pecado afetou a raça humana em um grau tão elevado que nos é impossível calcular. Afinal, um dos efeitos da queda da humanidade foi justamente a cegueira quanto à real percepção de nosso estado espiritual. Deus criou os primeiros pais, Adão e Eva, em total inocência e perfeição. Ao fazer mal-uso da liberdade que o Senhor lhes dera, aquele casal lhe desobedeceu. A transgressão fez que eles decaíssem da retidão original com a qual foram criados e perdessem a comunhão com Deus. É importante lembrar que o Criador é santo e não pode comungar com o pecado. Por essa razão, ao pecar, os primeiros pais se tornaram completamente corrompidos em todas as suas faculdades e em todas as partes de seu corpo e de sua alma.

O pecado é um princípio de rebelião que nos afeta e nos afasta cada vez mais de nosso Senhor e Criador. Sendo Adão e Eva o primeiro casal, o tronco de toda a humanidade, a culpa daquele pecado foi imputada a seus descendentes. Adão e Eva nos representavam. Quando os dois caíram, nós caímos com eles. A morte entrou por Adão e alcançou toda a raça humana. Logo, nossa natureza também foi corrompida.

É dessa corrupção interior do coração que afloram todas as transgressões que cometemos. Isto é, eu não sou pecador porque peco; antes, peco porque sou pecador. Minha natureza é, por definição e herança, corrompida e manchada pelo pecado. A corrupção do pecado permanece por toda a vida.

Embora sejamos perdoados e a natureza pecaminosa seja mortificada em nós, tanto ela quanto seus efeitos e os impulsos por ela provocados são pecado. O resultado é a existência de uma luta constante contra a corrupção do coração, mesmo naqueles que foram salvos por Jesus. Assim, todo pecado é transgressão da lei divina e nos torna culpados. Essa culpa nos põe sujeitos à ira de Deus e de seu castigo.

A Bíblia diz que estávamos mortos por causa de nossa desobediência e de nossos pecados; estávamos surdos e cegos (Ef 2.1-5). Como homens naturais, não aceitávamos as coisas do Espírito de Deus. Portanto, uma pessoa não pode, por si mesma, aceitar Jesus. Primeiro, porque ela não enxerga razão alguma para precisar dele; segundo, porque não entende o plano da salvação; terceiro, porque não tem vontade de tomar tal atitude; e, quarto, porque ninguém tem a habilidade de abraçar o evangelho de Cristo por vontade própria.

Entendendo arbítrio como a capacidade de arbitrar, decidir, escolher, podemos pensar em um juiz de futebol — o árbitro — como analogia. Se ele apitar uma partida com o coração inclinado a favorecer um dos times participantes, sua decisão não será livre, porque estará comprometido por essa predileção. Por meio desse paralelo, fica claro que nossa capacidade de discernir, decidir e escolher livremente não existe, pois, como nosso coração está corrompido, não há de fato uma escolha, uma decisão livre, visto que ela é sempre inclinada para o mal. Portanto, o homem corrompido é incapaz de fazer o bem por si mesmo e muito menos pode "aceitar Jesus". A humanidade é incapaz de aceitar o evangelho ou de ter fé em Deus.

Há quem defenda que, se de fato não temos livre-arbítrio, seria injusto Deus condenar alguém incapaz de tomar uma posição. A questão é que o fato de o homem estar morto em suas ofensas e pecados e incapacitado pela própria culpa de crer em Deus e aceitar a oferta do evangelho não o torna inocente. Façamos outro paralelo a fim de facilitar o entendimento dessa realidade. Imagine que você tomou um empréstimo no banco e não consegue pagá-lo. Então, vai até a agência e diz ao gerente: "Estou devendo esse valor, sim, mas não tenho condições de pagar". E o gerente responde: "Pois bem, se você não pode pagar, então está livre. Sua dívida está perdoada". Na prática, é claro, isso não aconteceria; você continuaria devendo, mesmo que não pudesse pagar. Sei que é uma ilustração imperfeita, mas ela aponta para o fato de que a incapacidade do homem de obedecer a Deus não o torna inimputável. Ele continua "devendo" ao Senhor, pois quebrou a lei divina e está sob a ira de Deus. Quando o Senhor o condena, o faz em razão dos pecados, e não da incapacidade humana de responder aos apelos divinos. Ser inadimplente diante do Senhor não torna ninguém inocente: o devedor segue devendo.

Um argumento que muitos usam em oposição a essa realidade bíblica é o fato de haver muita gente boa no mundo.

Em sua misericórdia e em seu grande amor, Deus não deixou a humanidade totalmente entregue à corrupção do coração, porque, se o tivesse feito, a humanidade teria perecido há muito tempo — nós já teríamos nos destruído. Mas Deus refreia essas paixões. É como se puxasse o freio de mão, por meio das leis, do medo da punição ou de uma boa educação. Assim como ele concede dons e talentos a indivíduos, o Senhor também concede boa índole à pessoa, mesmo que ela não o conheça nem o tema.

Essa é a explicação de haver pecadores honestos e gente que sente pena, compaixão e o impulso de ajudar os outros e fazer o bem. Mas isso não procede do coração do homem; é graça de Deus. Esse tipo de graça, porém, não é salvadora; é preservadora. Ela serve para preservar a sociedade e para que a humanidade continue a existir. Assim, Deus refreia o poder do pecado e concede favores e bênçãos à humanidade, como pessoas bondosas, que ajudam umas às outras. Esses indivíduos não têm mérito nenhum diante do Senhor, pois as boas atitudes não partem do coração deles, mas da graça divina em ação neles. Logo, essa bondade não produz mérito para salvação nem qualquer merecimento do favor de Deus.

COMO É POSSÍVEL UM JOVEM MANTER A FÉ EM UM MUNDO QUE SE OPÕE A DEUS?

Vivemos em uma época de especial desvalorização dos princípios morais e éticos. O ser humano corrompido sempre desprezou os valores de Deus, mas parece que, com a multiplicação das tecnologias de comunicação, a disseminação de valores deturpados aumentou em níveis jamais vistos. Não raro, jovens cristãos se veem em situações de constrangimento, sem coragem de defender publicamente suas convicções espirituais. Como manter valores bíblicos em uma sociedade que possui princípios morais tão depravados?

Pensando na geração atual, é fácil testemunhar muitos e constantes ataques à fé cristã, desferidos, principalmente, pelos ateus modernos, envolvidos com evolucionismo, materialismo ou naturalismo. É nosso dever explicar que o cristianismo não é incompatível com as descobertas da ciência e mostrar como as acusações feitas contra o cristianismo são equivocadas, falsas e até maliciosas. Graças a Deus, existem pessoas reconhecidas que fazem um trabalho extraordinário em defesa da fé, como William Lane Craig, Alvin Plantinga, Nancy Pearcey e Alister McGrath.

Nossa época traz desafios únicos para a Igreja, que serão vencidos e superados, e a Igreja prosseguirá, até a segunda vinda de Cristo. O que nos dá essa certeza é a declaração de Jesus de que sua Igreja prevalecerá (Mt 16.18) — e assim será, ainda que ela seja atacada, vilipendiada e mal interpretada.

Isso não quer dizer que a Igreja sempre foi perfeita. Muitas vezes, ela passou por dificuldades e, em razão de decisões erradas, se desviou e se corrompeu. No entanto, sempre houve e sempre haverá um núcleo de pessoas fiéis a Deus. O Senhor nunca deixa de preservar para si um remanescente fiel ao longo da história.

Também precisamos lembrar que pessoas fiéis a Deus frequentemente são perseguidas. Pensemos na história do jovem Daniel, judeu que deveria estar no fim da adolescência e início da juventude quando foi deportado para a Babilônia junto com outros jovens de linhagem nobre. Lá, foi posto em um programa de recondicionamento cultural, a fim de se tornar semelhante aos babilônicos. Esse jovem enfrentou um ambiente que não era somente hostil, mas que visava sobretudo reformatar sua identidade e sua fé. Porém, Daniel e seus amigos resolveram ficar firmes e não se contaminar, preferindo entregar a vida a negociar seus princípios. Oraram e pediram sabedoria a Deus, que lhes concedeu seu favor.

Portanto, o que eu diria aos jovens cristãos de nossos dias que são confrontados na universidade, na escola, na família ou na vizinhança sobre aquilo em que acreditam acerca de sexualidade, honestidade, crenças e comportamentos em geral é que precisam adotar uma postura clara a respeito de seus valores cristãos. É necessário que o jovem assuma publicamente ser um discípulo de Cristo, um servo de Deus, permanecendo firme em sua posição. Se vierem a zombaria, o escárnio, o *bullying* e a perseguição, será um preço a se pagar.

É importante ter cuidado e saber diferenciar entre ser um jovem cristão de valores firmes e ser uma pessoa completamente isolada, exageradamente crítica e fanática. Porque, mesmo que o mundo seja diferente de nós, Jesus nunca disse que teríamos de sair do mundo. Estamos no mundo, embora não pertençamos a ele. É possível fazer amizade com quem não é crente em Jesus, realizar atividades em comum e participar de programações com jovens de outras crenças religiosas. Ações de lazer ou divertimento que não envolvem pecado não contrariam a Palavra de Deus.

Então, um jovem cristão pode ter amigos não cristãos e participar de muita coisa em comum com eles. Isso, aliás, ajuda a construir pontes para que depois o evangelho seja apresentado. Também é saudável dizer a todos por que não participa de determinadas atividades em razão de sua fé em Jesus Cristo e por que crê que a Bíblia é verdadeira.

Este é sempre o grande desafio: manter-se firme na fé, não negociar os valores em que acredita e, ao mesmo tempo, ser uma pessoa agradável, de fácil relacionamento e que tem amigos a quem se possa falar com liberdade a respeito do evangelho de Cristo.

COMO SE COMPORTAR DIANTE DA CRISE MORAL E ECONÔMICA DO BRASIL?

O Brasil enfrenta crises em diversas áreas. Como podemos entender tantos problemas econômicos, morais, políticos e de valores à luz da misericórdia e da bondade de Deus? Há alguns aspectos que devemos considerar com relação a essa questão.

Primeiro, precisamos lembrar que Deus está no controle de todas as coisas. Ele continua sentado no trono do universo, governando os acontecimentos, conduzindo a história. Nada escapa de sua vontade e de seu conhecimento. Nosso Deus é soberano sobre tudo e todos. Ele governa as nações e levanta e depõe reis e governantes de acordo com o plano que estabeleceu antes da fundação do mundo. E, enquanto conduz as coisas, ele se revela como nosso Deus, denuncia o pecado da raça humana, proclama seu Filho e anuncia a redenção final que se aproxima. Saber disso nos traz grande consolação e conforto. Pode parecer que as coisas estão fora de controle, mas sabemos que há um Deus que conduz toda a história e que tudo coopera para o bem daqueles que o amam.

Segundo, a Bíblia nos informa que os homens são responsáveis pelo uso dos recursos que Deus lhes confiou. Os governantes são responsáveis diante do Senhor pelo exercício do poder e da autoridade, os detentores de riquezas e bens prestarão contas a Deus pelo uso que fazem daquilo receberam, e os empregadores serão responsabilizados pela maneira como tratam seus empregados. Em outras palavras, o homem é responsável pelas atitudes que impactam as questões financeiras, políticas, econômicas e morais da sociedade como um todo.

Sabemos disso porque os profetas de Israel e Judá, na época do Antigo Testamento, criticavam, condenavam e denunciavam os ricos e os poderosos que exerciam a violência e a opressão, que não cuidavam dos pobres, que viravam as costas para o clamor do órfão e da viúva. E, se eles faziam tais denúncias, é porque Deus responsabilizava aquelas pessoas. O sofrimento era resultado das ações injustas e erradas praticadas pelos governantes. Então, por um lado, Deus está no controle de todas as coisas, mas, por outro, ele responsabiliza o homem pelo uso errado do poder, da força, do dinheiro, dos bens e das propriedades.

Terceiro, Deus odeia a corrupção, a injustiça, a opressão e o enriquecimento ilícito. É só nos lembrarmos dos Dez Mandamentos, que são um resumo da lei moral de Deus e que expressam o caráter divino e sua vontade para nós.

Quarto, Deus executa juízo e justiça contra aqueles que violam esses mandamentos. Ele se volta contra os mentirosos, os ladrões, os corruptos, os que enriquecem ilicitamente, os que mentem, os que difamam, os que enganam, os que se envolvem em comércio fraudulento, os que praticam suborno.

O julgamento divino ocorre em duas instâncias. Primeiro, o Senhor pode usar as autoridades constituídas para punir, aqui e agora, fazendo o criminoso ir para a cadeia. Deus estabeleceu as autoridades justamente para disciplinar os malfeitores e coibir esse tipo de desvio na sociedade. Segundo, quando as autoridades estão corrompidas, Deus pode lançar mão, em sua infinita sabedoria e em sua livre vontade, de punições e castigos por outros meios, como recessão econômica, dificuldade financeira, doenças, terremotos...

Eventualmente, porém, Deus punirá todo e qualquer pecado, porque ele já tem marcado um dia de juízo, em que trará à luz as obras de todos os homens, exercendo castigo e retribuição aos que, nesta vida, praticaram a maldade e nunca se arrependeram de seus pecados, nunca se humilharam diante do Senhor nem procuraram reconciliação com Deus e seus semelhantes. Então, seja aqui, seja na eternidade, Deus fará justiça e juízo contra todo o mal.

O que aqueles que creem em Deus e o temem devem fazer em uma situação de crise é, primeiro, esperar no Senhor. É importante orar conforme Jesus nos ensinou, pedindo que o Pai nos dê, hoje, o pão de cada dia, na confiança diária de que Deus suprirá nossas necessidades. Também é dever do cristão se adaptar, gastar menos e ser um bom mordomo de seu dinheiro, sem se endividar. Basta seguir a famosa regra: não gastar mais do que ganha.

Finalmente, devemos ter em mente que o Senhor nos prometeu um novo céu e uma nova terra, onde haverá justiça. Precisamos desapegar o coração deste mundo e esperar em Deus e em suas promessas, fazendo o bem a quem pudermos com os recursos de que dispomos.

UM CRISTÃO PODE PROTESTAR CONTRA AUTORIDADES?

Uma das ferramentas consideradas lícitas pela legislação brasileira para lutar por direitos trabalhistas é a greve. Existe, no entanto, muita dúvida sobre a viabilidade de um cristão exercer ou não seu direito legal à greve, em especial se o patrão for o governo, visto que toda autoridade foi instituída por Deus.

Se um governo legalmente empossado tem em seu sistema de administração um dispositivo que permite o exercício ou a manifestação por meio da greve, não há problema nenhum. Porém, se a greve é ilegal ou ilegítima, se os envolvidos empregam violência ou se o objetivo real da manifestação é aviltar a imagem das autoridades constituídas, aí torna-se pecado. Afinal, a Bíblia manda honrar as autoridades, mesmo que estejam erradas. Nesse contexto, honrar não significa concordar em tudo, mas discordar com respeito. Não devemos tratar as autoridades de maneira chula, com palavrões, desprezo e escárnio.

Para entender melhor a questão, é importante compreender corretamente o que Paulo quis dizer ao escrever à igreja em Roma:

> Todos devem sujeitar-se às autoridades, pois toda autoridade vem de Deus, e aqueles que ocupam cargos de autoridade foram ali colocados por ele. Portanto, quem se rebela contra a autoridade se rebela contra o Deus que a instituiu e será punido. Pois as autoridades não causam temor naqueles que fazem o que é certo, mas sim nos que fazem o que é errado. Você deseja viver livre do medo das autoridades? Faça o que é certo, e elas o honrarão. As autoridades estão a serviço de Deus, para o seu bem. Mas, se você estiver fazendo algo errado, é evidente que deve temer, pois elas têm o poder de puni-lo, pois estão a serviço de Deus para castigar os que praticam o mal. Portanto, sujeitem-se a elas, não apenas para evitar a punição, mas também para manter a consciência limpa.
>
> É por esse motivo também que vocês pagam impostos, pois as autoridades estão a serviço de Deus no trabalho que realizam. Deem a cada um o que lhe é devido: paguem os impostos e tributos àqueles que os recolhem e honrem e respeitem as autoridades.
>
> Romanos 13.1-7

Essa passagem é muito clara: toda autoridade procede de Deus e, portanto, devemos nos submeter a ela, como parte de nosso serviço ao Senhor. A questão é que somente Deus tem autoridade absoluta, e ele a delega a fim de que haja ordem, paz e prosperidade no meio da sociedade. Para que os grupos sociais se estruturem é preciso que exista governo e, por isso, Deus é quem aprova essa estrutura. O cristão deve reconhecer a suprema autoridade do Senhor e sua operação por meio daqueles que estão em cargos de autoridade. Tanto é assim que Paulo reconhece o direito que o governo tem de punir os malfeitores e recompensar os que praticam o bem.

Essa é a visão geral das Escrituras. Portanto, o cristão deve ser um bom cidadão, pagando os impostos, respeitando as autoridades, cumprindo as leis e andando de acordo com aquilo que o governo legitimamente constituído determina.

O problema é quando as autoridades extrapolam o mandato de Deus. Se o governo protege os malfeitores e não dá condições para que os bons prosperem, o cristão tem diante de si um conflito. Como resolver essa contradição? O crente em Jesus deve temer a autoridade e obedecer-lhe, sujeitando-se enquanto ela cumprir seu papel de punir os malfeitores, promover a justiça, conter a corrupção, combater a opressão e facilitar o bem comum, proporcionando ao cidadão condições de ter saúde, educação, oportunidades de trabalho e outros benefícios em prol do bem-estar social e individual. Quando as autoridades desvirtuam seu papel, o cristão não somente tem a oportunidade, mas também o direito e o dever de se posicionar.

A Bíblia dá exemplos de situações em que o povo de Deus não acatou a autoridade civil. Quando o faraó à época do nascimento de Moisés determinou que as parteiras matassem toda criança hebreia do sexo masculino, essas parteiras, por temor a Deus, desobedeceram à ordem do monarca. E o texto afirma que por terem desobedecido à autoridade divinamente constituída, uma vez que ela estava fazendo o mal, "Deus foi bondoso com as parteiras" (Êx 1.20).

Encontramos exemplos também no Novo Testamento quando no dia de Pentecostes, em Jerusalém, os apóstolos começaram a pregar o evangelho de Cristo. O relato bíblico nos informa que eles foram presos pelo Sinédrio, a autoridade civil máxima em Israel, que lhes determinou pararem de pregar e ensinar em nome de Jesus. Eles responderam: "Devemos obedecer a Deus antes de qualquer autoridade humana" (At 5.29). Aqueles homens foram presos e chicoteados, isto é, pagaram um preço por sua desobediência, mas a consciência deles estava cativa ao supremo Deus.

Fica claro, então, que há situações em que se deve obedecer a Deus antes de aos homens. Se o governo extrapolar ou deixar de cumprir suas obrigações, entendo que o cristão terá o direito e o dever de praticar algum tipo de desobediência civil pacífica — jamais violenta, nunca desrespeitosa, em nenhuma circunstância com recursos ou instrumentos ilegais — e procurar fazer o que é certo.

PODEMOS PARTICIPAR DE FESTAS JUNINAS, *HALLOWEEN* E OUTRAS PRÁTICAS PAGÃS?

Halloween, festas juninas, Cosme e Damião, carnaval... muitas são as práticas culturais e as festas populares da sociedade. Diante de algo tão aceito, divulgado e entranhado na cultura de nosso país, muitos cristãos se veem em situações difíceis, sobretudo quando seus filhos estudam em escolas alheias aos princípios bíblicos e que promovem a participação em tais atividades. Como enxergar essa questão? Como dizer para a sociedade o que o cristão pensa acerca desse tema à luz da Palavra de Deus?

A Bíblia proíbe com muita clareza determinadas práticas e dá ordens explícitas acerca de outras. Mas existem questões sobre as quais as Escrituras não se pronunciam e que, portanto, dependem de outros fatores — é o que chamamos de ética da adiáfora. São questões relacionadas ao uso da liberdade pelo cristão, e o filho de Deus deve levar em conta alguns aspectos.

A pergunta que logo surge é: se não encontramos na Bíblia mandamento contra ou a favor de algo, como agimos de acordo com a vontade de Deus? Há dois princípios que devemos considerar na adiáfora. Em primeiro lugar, o proveito que aquilo proporcionará: será edificante para mim ou para o próximo e contribuirá para o reino de Deus? Segundo, o princípio do amor ao próximo: a prática escandalizará o próximo ou servirá de tropeço para ele?

Por exemplo, tocar piano. As Escrituras não nos proíbem de fazê-lo nem mandam que o façamos. Pelo primeiro princípio, não há nada que se oponha a tocarmos esse instrumento. Porém, se alguém decide tocar piano às duas horas da madrugada e acordar toda a vizinhança, está transgredindo o segundo princípio e isso deve ser evitado.

Deixe-me ilustrar com um exemplo pessoal. Quando iniciei minha vida no ministério, fui morar em um município do interior de Pernambuco, chamado Gameleira. Eu era de Recife, uma cidade praiana, onde é muito natural as pessoas usarem bermuda e chinelo de dedo. Quando cheguei a Gameleira, comecei a pregar o evangelho, indo de porta em porta, distribuindo literatura cristã e fazendo convites. Certo dia, no fim da tarde, tomei banho, vesti minha bermuda, calcei minhas sandálias e fui à padaria comprar pão. Foi um escândalo. Naquela comunidade, seria impensável um pastor naqueles trajes. A partir daquele dia, quando tomei conhecimento disso, optei por ir à padaria com calças compridas e sapato, a fim de não escandalizar. Eu era livre para usar a bermuda e o chinelo? Claro que sim. Nada na Bíblia o proíbe, nem é falta de pudor. Uma vez, porém, que aquilo estava servindo de tropeço à pregação do evangelho, parei de usar bermuda e calçar chinelos. Portanto, os princípios do amor, da edificação e do progresso do evangelho são fundamentais.

A igreja de Corinto vivia uma situação parecida com a questão de comer doces de Cosme e Damião ou participar de *Halloween* ou festas juninas. Lá havia um templo dedicado a uma divindade cujo culto envolvia a oferta de sacrifícios, muito semelhante ao que ocorria no templo israelita de Jerusalém. O adorador daquela deusa ia até o templo e levava um animal, que era morto pelo sacerdote pagão. Em seguida, a carne recebia diferentes destinos: uma parte era dada ao sacerdote e a outra ficava com o adorador, que podia fazer um churrasco e convidar os amigos para comer ali mesmo ou em sua casa. Se o sacerdote não soubesse o que fazer com tanta carne, levava a sobra para o mercado público e a entregava ao açougueiro, para revenda. Em outras palavras, quem quisesse comer carne em Corinto corria o risco de comer alimento que havia sido sacrificado a ídolos.

Se o cristão de Corinto fosse ao mercado comprar um filé, possivelmente compraria uma peça vinda do templo. Se um amigo pagão desse cristão o convidasse para comer um churrasco em sua casa, provavelmente a carne teria sido sacrificada a seus deuses. Muitos crentes em Jesus daquela igreja tomaram a posição de não comer carne, isto é, viraram vegetarianos. Outro grupo dizia que, fora do uso cultual, aquela carne não teria contaminação nenhuma. Essa situação provocou uma divisão na igreja.

Paulo, então, escreveu 1Coríntios 8—10, em que responde que o cristão poderia comer a carne do mercado, sem perguntar sua origem, mas que, se um amigo o convidasse para comer no templo pagão, não deveria ir, pois configuraria idolatria. Em seguida, o apóstolo orienta que, se o amigo pagão convidasse um cristão para comer churrasco na casa desse amigo, que provavelmente teria sacrificado o alimento a seu deus, o cristão poderia ir, mas se este irmão estivesse acompanhado de outro que não concordasse com isso, então ele não deveria comer aquela carne, por causa da consciência do irmão que o acompanhava. Esse é o princípio.

Aplicando a mesma orientação ao *Halloween*, às festas juninas ou a algo do gênero, devemos nos perguntar: o que minha consciência diz? Se estivermos em paz em relação a isso, se ninguém ali adorar João ou ídolos católicos nem praticar bruxaria, se for apenas uma participação cultural e a consciência estiver tranquila, então o cristão poderá ficar à vontade. No entanto, se isso gerar críticas, por amor a quem se escandaliza ou a fim de evitar que essa participação seja um tropeço para o evangelho, então será preciso abrir mão da vontade de comparecer.

Se a escola de seu filho está organizando um evento como esses e você se sente incomodado, converse com a direção da instituição e procure chegar a um acordo. Em geral, as escolas atendem aos pedidos dos pais, mediante o princípio da liberdade religiosa no Brasil. Mas é fundamental deixar que o amor e o avanço do evangelho ditem essa área da consciência, porque, de fato, se não há adoração nem engajamento religioso, o que seu filho está praticando não é idolatria. Portanto, não existe pecado. Caso contrário, Paulo não teria liberado que os cristãos comessem carne sacrificada aos ídolos no mercado ou na casa do amigo. Porém, se existe engajamento religioso no ato de comer ou de participar do evento, então o cristão deve se abster.

QUAL DEVE SER A RELAÇÃO DO CRISTÃO COM O CARNAVAL?

O carnaval divide opiniões entre os cristãos brasileiros. Embora a maioria prefira manter distância, há quem opte por participar ativamente, enquanto outros permaneçam perto, alegando estar apenas admirando uma manifestação cultural. Será que existe uma forma bíblica de enxergar o carnaval? E como devemos ver igrejas e grupos de crentes em Jesus que organizam movimentos carnavalescos *"gospel"* como estratégia evangelística?

Durante o tempo dos apóstolos, havia no Império Romano as famosas orgias, em que as pessoas passavam a noite se embriagando e praticando todo tipo de imoralidade sexual. Não consigo imaginar uma situação em que os apóstolos se dispusessem a participar daquilo sob o pretexto de evangelização.

Havia, ainda, outras festividades em honra aos deuses pagãos romanos, muito populares na época, como a bacanália (ou bacanal), em homenagem ao deus Baco, ou os festivais que ocorriam no templo da deusa Diana. Diante de todas aquelas manifestações religiosas e culturais, não vemos nenhuma orientação da parte dos escritores do Novo Testamento para os cristãos viverem em tais ambientes ou se infiltrarem nessas festas com o propósito de evangelizar. Muito pelo contrário, o que a Palavra de Deus diz é que não devemos nos envolver nem tomar parte nesse tipo de coisa, uma vez que a proximidade poderia criar uma situação de tentação e vulnerabilidade com o potencial de levar o cristão a se engajar em idolatria, imoralidade sexual ou outro tipo de pecado.

Diante disso, tenho muita dificuldade de reconhecer como legítimos os blocos "*gospel*" de carnaval. Que mensagem uma igreja está mandando para os não cristãos ao organizar esse tipo de iniciativa? A própria presença ali já significa uma aprovação tácita. Se alguém deseja, de fato, evangelizar durante celebrações carnavalescas, entendo que o antigo método de evangelização funciona muito bem: encha uma mochila de folhetos e Bíblias e comece a interagir com as pessoas, falando de Cristo, dando testemunho, ensinando a Palavra de Deus e chamando ao arrependimento. Isso pode ser feito com decência e sobriedade, sem entrar no espírito da festividade, sem pular nem sambar.

Um bloco "*gospel*" é uma voz perdida, minoritária, no meio das vozes que se levantam defendendo temas contrários à Palavra de Deus. O argumento de evangelização não convence, pois é um uso errado de 1Coríntios 9.22-23:

> Quando estou com os fracos, também me torno fraco, pois quero levar os fracos a Cristo. Sim, tento encontrar algum ponto em comum com todos, fazendo todo o possível para

salvar alguns. Faço tudo isso para espalhar as boas-novas e participar de suas bênçãos.

Paulo, aqui, se refere ao fato de que, quando estava entre os judeus, ele se abstinha de determinadas comidas que escandalizavam os judeus, e, estando entre os gentios, participava dos alimentos que todos ali comiam, algo que ele não faria quando estivesse com os judeus. Em outras palavras, ele abria mão dessas coisas neutras ou se engajava nelas quando fosse conveniente, a fim de pregar o evangelho. Porém, o carnaval não é neutro. A origem cultural inocente se perdeu com o tempo, e hoje essa festividade se tornou uma celebração da erotização, da embriaguez e da permissividade.

Além disso, o fato de algo ser considerado uma manifestação cultural não quer dizer que seja neutro. Não podemos esquecer que o pecado afetou todas as dimensões da humanidade, não somente de forma individual, mas também coletiva. As estruturas sociais, políticas, econômicas e culturais foram afetadas pelo pecado. Assim, embora a cultura possa transmitir valores bíblicos, também se presta a transmitir valores de um mundo caído e mergulhado no pecado, como é o caso do carnaval. Precisamos ter cuidado com esse tipo de argumentação, que não justifica o injustificável. Não há como legitimar a presença de um cristão em festas desse tipo.

Os retiros realizados por igrejas durante o período de carnaval são estratégicos e proporcionam um tempo bom para reflexão, preparação, estudo e evangelização. É uma ótima oportunidade de oferecer ao não cristão uma alternativa aos dias de prazer e diversão ilusórios, sem limites morais e éticos. As igrejas fazem um bom investimento quando separam esse tempo para que os jovens, ou as famílias, acompanhados de pessoas não cristãs, estejam juntos, participem de brincadeiras sadias e ouçam a Palavra de Deus.

UM CRISTÃO PODE SER POLICIAL?

Não existe nenhuma incompatibilidade entre um indivíduo ser um cristão dedicado, cheio do Espírito Santo, comprometido com Jesus Cristo, e trabalhar em uma profissão que exija, muitas vezes, o uso da força e, até mesmo, o envolvimento em conflitos armados. Isso vale para um policial, um soldado ou mesmo um guarda de segurança.

Boa parte dos membros da igreja apostólica do primeiro século era composta por soldados e pessoas que trabalhavam nos exércitos de Roma. Não são poucos exemplos no Novo Testamento de militares que confessaram Jesus como Senhor, como o centurião que foi a Cristo pedir a cura de seu servo (Mt 8.5-13; Lc 7.1-10) e o centurião que se converteu ao pé da cruz (Mt 27.54). Mais adiante, vemos Pedro ser enviado por Deus à casa de um soldado, Cornélio, homem temente ao Senhor (At 10). Esses exemplos logo nos mostram que não há incompatibilidade entre ser cristão e trabalhar em um serviço armado ou de segurança.

Lembremos que Deus instituiu as autoridades humanas

com o objetivo de manter a segurança, promover a paz e criar um ambiente em que os cidadãos possam trabalhar, prosperar e desenvolver o bem comum da sociedade. Paulo escreveu que as autoridades estão a serviço de Deus em nosso favor, mas que, se um indivíduo fizer algo errado, deve temer, "pois elas têm o poder de puni-lo, pois estão a serviço de Deus para castigar os que praticam o mal" (Rm 13.4).

Pessoas que atuam de forma ética e correta em forças de segurança, públicas ou privadas, são instrumentos de Deus para limitar o avanço do mal. Assim, alguém que se sente vocacionado para trabalhar como policial, militar, segurança ou profissional de alguma atividade correlata desempenha uma profissão perfeitamente legítima.

Certa vez, alguns soldados foram até João Batista, que tinha começado a pregar o arrependimento dos pecados às margens do rio Jordão. Diz o texto que eles indagaram: "E nós? O que devemos fazer?", ao que João respondeu: "Não pratiquem extorsão nem façam acusações falsas. Contentem-se com seu salário" (Lc 3.14). Há três orientações aqui: primeira, não abusar da autoridade; segunda, não fazer armações ou armadilhas; terceira, não aceitar nem pedir suborno, e não participar de qualquer forma de corrupção financeira.

Portanto, não é incompatível com o cristianismo ser um bom policial, militar ou segurança, desde que o indivíduo se mantenha honesto, reto, comedido no uso da força e da autoridade e correto no trato com o dinheiro. Profissionais como esses transitam em ambientes difíceis? Sem dúvida. Por isso, como pessoas que desempenham qualquer outra profissão, precisam pedir graça, favor e misericórdia a Deus, a fim de que sempre sejam agentes exemplares e cumpridores da lei.

O QUE A BÍBLIA FALA SOBRE JUSTIÇAMENTO E AUTODEFESA?

A violência anda assustadoramente à solta nas ruas do Brasil. Uma das consequências dessa realidade é o aumento do número de justiceiros que, no calor do flagrante delito, lincham supostos criminosos. Será que a Bíblia nos autoriza a fazer justiça com as próprias mãos e, até mesmo, tirar a vida de pessoas acusadas de algum crime?

As leis de nosso país, em geral, são boas. Temos uma Constituição antiga, mas de qualidade, com leis modernas e justas. A questão é a falta de aplicação, o modo como é executada na prática. Por trás de tudo está o problema do coração humano, pois somos pecadores, caídos do estado original, sempre dispostos a fazer o mal. O que restringe o exercício da maldade do coração humano são justamente elementos como governo, leis, força policial, ameaça do castigo, temor da punição. Por isso, acredito que, quando a violência chega a um nível tão elevado, é porque Deus retirou sua mão protetora.

O que impede que nos devoremos e destruamos uns aos outros é somente a graça de Deus. Mas, se o Senhor retira as restrições, se ele remove o pé do freio, o resultado é que a sociedade se lança, em velocidade vertiginosa, à autodestruição. Lembro-me das palavras de Paulo:

> Uma vez que consideraram que conhecer a Deus era algo inútil, o próprio Deus os entregou a um inútil modo de pensar, deixando que fizessem coisas que jamais deveriam ser feitas. A vida deles se encheu de toda espécie de perversidade, pecado, ganância, ódio, inveja, homicídio, discórdia, engano, malícia e fofocas. Espalham calúnias, odeiam a Deus, são insolentes, orgulhosos e arrogantes. Inventam novas maneiras de pecar e desobedecem a seus pais. Não têm entendimento, quebram suas promessas, não mostram afeição nem misericórdia. Sabem que, de acordo com a justiça de Deus, quem pratica essas coisas merece morrer, mas ainda assim continuam a praticá-las. E, o que é pior, incentivam outros a também fazê-lo.
> Romanos 1.28-32

Nessa passagem, Paulo explica o caos moral que reinava no Império Romano em sua época, porque Deus entregara aquela sociedade aos próprios desejos. Não muito tempo depois de o apóstolo escrever essas palavras, o grande império ruiu, corrompido internamente pela imoralidade e, externamente, pelo ataque dos bárbaros. Olho para a situação do Brasil em nossos dias e também vejo Deus com o pé fora do freio. As pessoas parecem cada vez mais dispostas a fazer o mal, são desrespeitosas, não querem saber da verdade e buscam somente o próprio interesse. Isso resulta em violência, injustiça, opressão, tortura, crimes hediondos. Se Deus não tiver misericórdia e não provocar uma mudança na sociedade, na política, nas leis e na própria igreja, não creio que veremos luz no fim do túnel.

Embora a justiça seja mínima, em um país como o nosso ela ainda pertence às autoridades. Lembremos que Paulo escreveu Romanos quando o governo era exercido por Nero, o terrível imperador. E, ainda assim, ele disse:

> Todos devem sujeitar-se às autoridades, pois toda autoridade vem de Deus [...]. Você deseja viver livre do medo das autoridades? Faça o que é certo, e elas o honrarão. As autoridades estão a serviço de Deus, para o seu bem. Mas, se você estiver fazendo algo errado, é evidente que deve temer, pois elas têm o poder de puni-lo, pois estão a serviço de Deus para castigar os que praticam o mal.
>
> Romanos 13.1,3-4

Na visão bíblica, a punição do mal, a contenção dos malfeitores, a proteção dos cidadãos de bem e a promoção da segurança pública são dever do Estado. Portanto, o linchamento seria uma usurpação do direito dado por Deus ao Estado, a quem cabe, exclusivamente, julgar, aprisionar e, em lugares onde há pena de morte, executar criminosos. Diante dessa constatação, um cristão não pode apoiar a ação de justiceiros nem a prática do linchamento. Pessoas não podem fazer justiça com as próprias mãos, porque essa é uma prerrogativa do Estado, mesmo que ele seja falho.

Sou a favor de que uma pessoa empregue os meios lícitos para defender a si e a sua família. Vejo, assim, a autodefesa como biblicamente legítima. Quando Deus entregou a Moisés o mandamento de não matar, referia-se especificamente a não cometer homicídio, isto é, não tirar a vida do outro intencionalmente, dolosamente (Êx 20.13). Ainda no Pentateuco, vemos a lei de Deus regulamentar em Israel a pena de morte para quem tirasse a vida de alguém (Lv 24.17). Outra passagem diz: "Se um ladrão for pego em flagrante arrombando uma casa e for ferido e morto no confronto, a pessoa que matou o ladrão não será culpada de homicídio" (Êx 22.2). Isso legitima o princípio do direito de defesa.

Acredito que o Estado deveria dar condições para que o cidadão portasse armas. Não tenho problema com o porte de armas, desde que seja de acordo com a legislação, com regras muito claras e com o objetivo de autodefesa. Regulamentar a possibilidade de o cidadão defender a família e a própria vida dentro de seu lar deveria ser considerado correto, pois essa ideia encontra respaldo na Palavra de Deus.

2

DEUS E O MUNDO
A soberania divina sobre tudo o que há

PODEMOS AFIRMAR QUE SÓ O DEUS DOS CRISTÃOS É VERDADEIRO?

É bastante comum ouvirmos pessoas não cristãs dizerem que não importa o deus que se segue, o importante é "acreditar em seu deus". Em vista disso, por que nós, evangélicos, temos tanta certeza de que o Deus a quem servimos é o único Deus? Por que podemos afirmar que o Deus dos cristãos é o autêntico Criador dos céus e da terra? Como garantir que não há outro?

Comecemos lembrando que há basicamente dois tipos de religião no mundo: as politeístas, que acreditam na existência de muitos deuses, e as monoteístas, que defendem haver apenas um Deus. As politeístas compreendem as religiões dos antigos impérios do Egito, da Síria, da Mesopotâmia, da Grécia, da China, da Índia e de outros locais da Ásia, onde predominava a ideia de que há muitos deuses responsáveis pelo surgimento da vida. Alguns sistemas religiosos consideram haver até mesmo divindades geradas por outros deuses e que têm alguma relação com elementos de nosso universo material, como rios, montanhas e planetas.

Uma das características dos deuses concebidos por religiões politeístas é que são nada mais que uma classe especial de homens e mulheres com poderes sobrenaturais, tanto que muitos tinham relações sexuais com seres humanos e geravam descendentes. No politeísmo, acreditava-se também que essas divindades convivem harmoniosamente, isto é, nenhum deus é exclusivo. Assim, o indivíduo poderia adorar Baal, Moloque e Ísis ao mesmo tempo.

Por outro lado, há as religiões monoteístas. As três principais são o judaísmo, o islamismo e o cristianismo. Porém, a concepção de Deus em cada uma delas é bem diferente. Para esclarecer por que nós, evangélicos, cremos que o nosso Deus é o verdadeiro, é importante ler o que Paulo escreveu em Romanos, tratando exatamente desse assunto. Ele começa dizendo o seguinte:

> Pois não me envergonho das boas-novas a respeito de Cristo, que são o poder de Deus em ação para salvar todos os que creem, primeiro os judeus, e também os gentios. As boas-novas revelam como Deus nos declara justos diante dele, o que, do começo ao fim, é algo que se dá pela fé. Como dizem as Escrituras: "O justo viverá pela fé".
>
> Romanos 1.16-17

Com essas palavras, Paulo diz que Deus revela sua justiça no evangelho, ou seja, nas boas notícias de que o Pai nos amou e mandou seu Filho, Jesus, para morrer pelos nossos pecados. Assim, consideramos que esse Deus único se deu a conhecer por meio do evangelho de Cristo e deixou claro que somos nascidos em pecado e merecedores da condenação. Por sua misericórdia, porém, ele nos deu seu Filho para o sacrifício na cruz. O Filho se ofertou em nosso lugar, ressuscitou ao terceiro dia, está à direita do Pai e virá para julgar vivos e mortos.

Paulo continua:

> Assim, Deus mostra do céu sua ira contra todos que são pecadores e perversos, que por sua maldade impedem que a verdade seja conhecida. Sabem a verdade a respeito de Deus, pois ele a tornou evidente.
>
> Romanos 1.18-19

Aqui, o apóstolo diz que Deus manifestou sua ira entre os homens, em uma referência à consciência da humanidade. Fica claro, então, que existe uma revelação do Deus verdadeiro na consciência de todos os seres humanos. O que Paulo quer dizer é que todo indivíduo tem entendimento de que existe um Deus, e que esse Deus está irado porque os homens distorcem a verdade e adotam a mentira.

Outra revelação presente nesse trecho de Romanos vem logo a seguir:

> Por meio de tudo que ele fez desde a criação do mundo, podem perceber claramente seus atributos invisíveis: seu poder eterno e sua natureza divina. Portanto, não têm desculpa alguma.
>
> Romanos 1.20

O que Paulo está dizendo é que, pela natureza, o ser humano se dá conta de que há um Deus preexistente e distinto do mundo natural criado. A natureza não surgiu por obra do acaso. Por trás da realidade, há um poder único, inteligente, maior, que deu origem a todas as coisas.

Ao estudar os deuses das religiões politeístas, fica evidente que são mais humanos que divinos: eles brigam, perseguem, odeiam uns aos outros, são incoerentes e falhos. É impossível que o mundo tão milimetricamente equilibrado em que vivemos tenha sido elaborado por deuses desse tipo. Há, portanto, um poder inteligente, imenso e infinito por trás de todas as coisas, uma realidade que o apóstolo ressalta ao dizer que as pessoas são indesculpáveis quando não acreditam nesse Deus. Ele prossegue:

> Sim, eles conheciam algo sobre Deus, mas não o adoraram nem lhe agradeceram. Em vez disso, começaram a inventar ideias tolas e, com isso, sua mente ficou obscurecida e confusa. Dizendo-se sábios, tornaram-se tolos. Trocaram a grandeza do Deus imortal por imagens de seres humanos mortais, bem como de aves, animais e répteis.
>
> Romanos 1.21-23

Aí está a origem do politeísmo. É explícita a referência de Paulo às religiões idólatras que adoram animais e deuses feitos à imagem humana, além de quaisquer outros elementos da criação. O apóstolo deixa claro que o politeísmo idólatra é um desvio da revelação original de que existe apenas um Deus Criador de todas as coisas.

Portanto, o politeísmo é uma perversão do monoteísmo, e não o contrário, como muitos cientistas e fenomenologistas da religião querem nos fazer acreditar. O politeísmo é a perversão da revelação original de que há um Deus, o Criador dos céus e da terra, que nos formou à sua imagem.

OBEDIÊNCIA: OBRIGAÇÃO OU CONSEQUÊNCIA DA SALVAÇÃO?

Quando obedecemos a Deus, o fazemos por obrigação ou porque somos salvos? Essa é uma pergunta difícil, pois traz aspectos distintos que se entrelaçam. Podemos dizer que a vontade de Deus prevalece porque ele é soberano, Criador dos céus, da terra, do tempo e da história, e nada acontece fora de seu divino propósito. Por outro lado, em sua sabedoria o Senhor guia o universo, a história e as circunstâncias por meio daquilo que chamamos de causas secundárias, isto é, métodos pelos quais cumpre sua divina vontade mediante a participação de terceiros. Nesse propósito geral de Deus estão a humanidade que ele criou e, também, os anjos, que são seres morais, com capacidade de escolha, discernimento, consciência e responsabilidade pelo que fazem.

Portanto, Deus ordenou o curso da existência de todas as coisas de tal maneira que os seres humanos e os anjos participam ativamente da construção da história dentro desse propósito geral e maravilhoso. Isso significa que, às vezes, uma pessoa não está consciente de que, ao tomar uma decisão, na verdade está cumprindo o propósito eterno estabelecido pelo Senhor. De igual modo, quando uma pessoa se recusa conscientemente a fazer determinadas coisas sem que se transfira a Deus a responsabilidade por seus atos, esse indivíduo também está cumprindo o propósito divino.

No caso da pessoa que foi escolhida por Deus antes da fundação do mundo para fazer parte de sua família, ela será levada, ao longo da vida, a caminhar de acordo com os propósitos divinos de tal modo que também se tornará responsável por suas decisões e atitudes. Isso significa que nem sempre a ação de Deus em suas criaturas, mesmo nos eleitos, as deixa felizes. Quando uma pessoa se converte e seu coração é regenerado, ela não se torna um autômato cuja vontade se encontra em perfeita harmonia com Deus. Não somos assim. Apesar de salvos, nosso coração continua alheio à santidade do Senhor. Não poucas vezes, pegamo-nos fazendo as coisas certas, ainda que pelos motivos errados, pois somos constrangidos pela consciência e pelo senso de responsabilidade. Frequentemente, o coração não tem o menor desejo de fazer determinadas coisas, mas fazemos porque sabemos que é o certo.

Eu mesmo já perdoei muitas pessoas que não sentia a menor vontade de perdoar, por estar consciente de que era o certo a se fazer. Isso ocorreu porque é possível uma pessoa agir corretamente, ainda que não sinta vontade de fazê-lo. Por trás de tudo está a ação persuasiva de Deus, às vezes indetectável, mas que nos possibilita fazer o certo ainda que não sintamos o menor desejo.

Um exemplo é o de Jonas, que odiava os ninivitas pagãos, corrompidos e inimigos de Israel. Dominado pela raiva que sentia daquela gente, o profeta não tinha nenhum interesse em que se convertessem. Assim, quando Deus mandou que ele pregasse aos ninivitas, a reação de Jonas foi fugir. Porém, por meio da tempestade no mar e do grande peixe, a providência divina o reencaminhou a Nínive.

Jonas não sentia vontade de pregar e ver o arrependimento do povo, ainda que reconhecesse a soberania de Deus. Isso ficou claro porque não houve jeito de fugir do Senhor. Não tenho a menor dúvida de que Jonas era um homem de Deus, que fez a coisa certa apesar da relutância de seu coração. Então, não é difícil imaginar que Jonas tenha aprendido a lição.

Um crente no Deus verdadeiro pode fazer o certo muito embora seu coração, sua vontade e suas emoções não atuem em completa harmonia. No fim das contas, o que importa é obedecer ao Senhor e realizar sua vontade. Depois que tomamos a decisão correta, as emoções nos acompanham.

Acredito que Deus cumpre sua divina vontade em nós, a despeito de nossos sentimentos. É muito bom quando as emoções concordam e fazemos o que devemos com alegria. Porém, concordando ou não, o Senhor nos conduz pelas circunstâncias e acabamos no lugar preciso onde ele queria que estivéssemos.

COMO ALIAR A PROSPERIDADE À VONTADE DE DEUS?

Vivemos dias complicados no que se refere ao entendimento do papel da prosperidade material no contexto do cristianismo. Com o surgimento da nefasta teologia da prosperidade, o tema ganhou complexidade, e não raro o cristão se vê enredado por ensinamentos aparentemente bíblicos que, na verdade, não coadunam com a fé cristã. A questão que surge é: como o crente em Jesus Cristo deve ter ambições terrenas lícitas sem amar este mundo? É possível perseguir seus sonhos — um bom emprego, um salário justo e conforto material — sem se tornar escravo do materialismo?

Historicamente, a Igreja tem tomado diferentes posições quanto ao uso e usufruto dos bens materiais. Uma posição bem conhecida, desenvolvida ao longo da Idade Média, é a que defende a necessidade de se abster de quaisquer prazeres materiais, posses, propriedades e bens, em uma vida dedicada exclusivamente ao isolamento e à pobreza. Essa postura é resultado da influência de uma visão dicotômica originada no dualismo grego de Platão, que defende a ideia de que a matéria é má e o espírito é bom. Por essa ótica, qualquer coisa relacionada à matéria é intrinsecamente ruim, quando não pecaminosa, e para a elevação espiritual é preciso renunciar todos os prazeres decorrentes de bens materiais.

Outra posição vai na direção contrária e foi muito adotada depois do período da Reforma Protestante, quando o cristianismo cresceu, floresceu e prosperou em muitos países. Essa pujança material gerou considerável riqueza. Os cristãos se tornaram prósperos, e não poucos começaram a depositar a confiança e a satisfação nos bens materiais. Desse modo, grande parte da Igreja se acomodou ao mundo, num processo chamado secularização. As pessoas passaram a entender que podiam ser felizes sem Deus, bastando para isso ter riqueza suficiente, bens em abundância e segurança material. O resultado é que as igrejas definharam na Europa, em um processo semelhante ao que vem acontecendo em partes dos Estados Unidos.

Para fugir desses extremos, devemos buscar a correção bíblica, que a meu ver passa por alguns pontos.

Primeiro, foi Deus quem criou o mundo e as coisas boas que nele há. O Senhor fez o homem para o mundo e o mundo para o homem. Então, teoricamente, o uso e o usufruto do mundo estão em perfeito acordo com a vontade de Deus. Isso fica claro quando vemos que o Senhor criou a humanidade, não em um deserto, mas em um jardim — um jardim cheio de coisas maravilhosas. A entrada do pecado no coração humano não anulou essa realidade, mas manchou o prazer do homem, e aquilo que era para ser um desfrute grato e glorificador a Deus tornou-se o deus do homem. Agora, o homem vive para essas coisas, quando deveria viver para Deus e usufruir do que ele lhe dá.

Hoje, os bens, os prazeres e as alegrias relacionadas às posses materiais acabaram se tornando um fim em si mesmos. Tanto isso é verdade que o apóstolo Paulo disse que o amor ao dinheiro é a raiz de toda sorte de mal e que a avareza — o apego aos bens materiais — é idolatria (1Tm 6.1-10). Portanto, precisamos ter clareza de que desfrutar das coisas deste mundo não é errado. Não é errado querer ter uma boa casa, um bom carro, um bom trabalho.

Segundo, se os bens e os prazeres do mundo ocupam o primeiro lugar em sua vida, aí, sim, há pecado. Se o que o motiva a estudar, trabalhar e ter um bom emprego é o desfrute e você se esquece de que Deus nos faz prosperar para que ajudemos os pobres e necessitados, para que pratiquemos boas obras e invistamos no reino de Deus com ações de graças, então é pecado.

Terceiro, a Bíblia deixa claro que os novos céus e a nova terra, onde os salvos habitarão na realidade futura, será um mundo de alegrias e prazeres indizíveis. Isso significa que as coisas deste mundo atual, por mais prazerosas que pareçam, empalidecem diante da glória do mundo vindouro. Portanto, devemos lembrar que estamos nesta terra como peregrinos. Não podemos nos apegar às coisas daqui, tampouco depositar nelas a alegria do coração. Devemos viver na expectativa dos novos céus e da nova terra que Deus está preparando para seu povo.

Como equilibrar todas essas informações? Só é possível fazê-lo se guardarmos na mente que o fim principal do homem é viver para a glória de Deus, praticando o amor ao próximo, doando, investindo e abençoando os outros com os bens que Deus nos deu, na expectativa da eternidade na morada final que o Senhor está preparando para nós.

DEVEMOS FAZER O TESTE DA LÃ E DO ORVALHO?

A Bíblia nos conta um episódio interessante da vida de Gideão, um dos juízes de Israel. Os exércitos de Midiã, de Amaleque e de outros povos se uniram para atacar os israelitas. Então o Espírito do Senhor veio sobre aquele juiz, que começou a convocar os guerreiros do povo para a batalha. Foi quando Gideão fez uma curiosa proposta:

> Então Gideão disse a Deus: "Se de fato vais me usar para salvar Israel, como prometeste, dá-me uma prova da seguinte forma. Hoje à noite, deixarei um pouco de lã na eira, onde se peneiram os grãos. Se pela manhã a lã estiver molhada de orvalho, mas o chão estiver seco, saberei que vais me ajudar a salvar Israel, como prometeste". E foi exatamente o que aconteceu. Na manhã seguinte, bem cedo, Gideão se levantou, espremeu a lã e recolheu uma tigela cheia de água.
>
> Então Gideão disse a Deus: "Peço que não fiques irado comigo, mas que me permitas fazer mais um pedido. Deixa-me usar esta lã para mais uma prova. Desta vez, que a lã fique seca

e o chão ao redor dela fique coberto de orvalho". Naquela noite, Deus fez o que Gideão havia pedido. Pela manhã, a lã estava seca, mas o chão estava coberto de orvalho.

Juízes 6.36-40

Não é raro que, ao ler essa passagem, as pessoas fiquem em dúvida sobre ser lícito ou não fazer o mesmo tipo de prova que Gideão fez, a fim de conhecer a vontade de Deus.

Esse episódio tem a ver com a maneira pela qual o Senhor se manifestava e fazia conhecida sua vontade. Lembremos que a Bíblia registra a revelação progressiva de Deus, isto é, o modo gradativo pelo qual o Senhor comunicou sua vontade a seu povo e ao mundo. Nos tempos antigos, no início de sua revelação, ele costumava se manifestar de maneiras sobrenaturais, como em sonhos, visões, revelações, aparições, teofanias e fenômenos semelhantes. Vemos diversos exemplos disso na Bíblia, como o arbusto em chamas do Sinai e a coluna de fogo (Êx 3.1-6; 13.21). Também vemos o Senhor assumir forma humana, como em seu confronto com Jacó no vale do Jaboque (Gn 32.22-32).

Tudo isso apontava para a chegada da revelação maior, Jesus Cristo, a Palavra de Deus encarnada. Tanto é assim que Hebreus começa da seguinte forma:

> Por muito tempo Deus falou várias vezes e de diversas maneiras a nossos antepassados por meio dos profetas. E agora, nestes últimos dias, ele nos falou por meio do Filho, o qual ele designou como herdeiro de todas as coisas e por meio de quem criou o universo.
>
> Hebreus 1.1-2

Cristo, aqui, é apresentado como a revelação final, maior e última de Deus.

Portanto, o tipo de fenômeno que Deus realizou com Gideão fazia parte da forma pela qual ele se manifestava aos israelitas naquela época. E fazia sentido, porque a Bíblia ainda não estava completa, o Messias não tinha vindo e o Espírito Santo, embora presente e atuante no Antigo Testamento, não havia sido concedido em sua plenitude. Porém, uma vez que tudo isso já aconteceu, não temos orientação nenhuma na Bíblia de que devemos esperar a vontade de Deus ou descobrir o querer divino dessa maneira.

Em suma, naquele tempo era frequente que o Senhor comunicasse sua vontade por meio de sonhos, visões e revelações, mas, em nossos dias, não vejo que essa seja a maneira usual pela qual Deus se dirige a seus filhos e filhas. Não nego que o Senhor, em sua soberania, extraordinariamente possa guiar alguém dessa maneira sobrenatural, mas não há nada na Bíblia que nos leve a procurar ou esperar isso.

Se esse tipo de prova não faz mais sentido em nossos dias, é natural que surja a dúvida: como o cristão pode conhecer a vontade divina?

Primeiro, temos de observar os princípios bíblicos. Se a Bíblia é a Palavra de Deus e encontramos nela a revelação da vontade geral do Senhor, é ali que encontraremos as informações que nos guiarão para tomar as decisões corretas. Vejamos como isso se dá na prática: se a Bíblia deixa clara a vontade de Deus de que eu devo ser santo, honesto, puro e reto, na hora de escolher uma profissão, por exemplo, já sei que não posso ser dono de um motel ou me tornar um profissional do sexo, porque isso é contrário à Palavra de

Deus. Portanto, não preciso colocar lã na varanda a fim de perguntar ao Senhor que carreira seguir. Toda a revelação da vontade geral de Deus para a vida do cristão se encontra na Bíblia. Logo, o primeiro fator a ser considerado é este: observar os princípios bíblicos. Ao analisar o que a Bíblia diz a respeito de determinado assunto, saberemos como agir diante da necessidade de tomar uma decisão.

Segundo, orar. Devemos orar e pedir que Deus mostre sua vontade pelos meios que disponibilizou. Orar é muito importante, porque, na oração, alcançamos uma comunhão mais íntima com Deus. Com essa intimidade, passamos a ver tudo da perspectiva divina, o que dissipa dúvidas e esclarece nosso curso de ação.

Outro fator importante a se considerar é o temor a Deus. O salmista Davi escreveu: "Quem são os que temem o Senhor? Ele lhes mostrará o caminho que devem escolher" (Sl 25.12). Fica claro que temer reverentemente a Deus, com o sincero desejo de agradar-lhe, nos leva a ser cautelosos quanto às nossas decisões. O cristão que teme o Senhor deve perguntar o que alegra e o que não alegra o coração divino. Portanto, temer o Senhor é outro elemento dessa decisão.

Também devemos analisar as circunstâncias, isto é, o contexto em que determinada decisão deve ser tomada. Suponhamos que eu queira me casar e conheço uma mulher da qual me agrado. Seria da vontade de Deus que eu me casasse com ela? Vamos às circunstâncias: ela é solteira ou é casada? Se o contexto me mostra que ela não teria como ser minha esposa segundo os padrões bíblicos, devo desistir da ideia. Assim, se gosto dela, se ela está disponível e não há impedimentos, se temos idade suficiente para casar, se há condições financeiras que permitam a união, se os pais aprovam, se há compatibilidade e ela é cristã, as circunstâncias parecem mostrar que essa é a vontade de Deus.

A questão do bom senso também interfere. Afinal, a vida cristã é basicamente agir com sabedoria simples, comum e prática. Se você quer fazer um negócio que é extremamente arriscado e põe em risco seu patrimônio e o sustento de sua família, o bom senso mostra que não deve ir adiante. Você pode até orar a Deus e fazer perguntas, mas é como se ele já tivesse dito: "O que você acha, meu filho? É obvio que essa é uma situação na qual você não deve se envolver!".

Outro fator que nos ajuda a saber a vontade de Deus são os bons conselhos de pessoas que conhecem e temem o Senhor. É uma excelente ideia pedir a opinião de um ou mais crentes em Jesus que tenham experiência de vida.

Penso que, se estivermos atentos a esses critérios, Deus nos guiará e nos mostrará o caminho, sem que precisemos fazer testes como o de Gideão.

PODEMOS ESTABELECER PRAZOS PARA DEUS NOS RESPONDER?

O livro bíblico de Daniel relata o episódio de um encontro, entre o profeta e um anjo, que tem sido usado como base para a criação de campanhas em igrejas, com duração de determinado número de dias ou semanas, a fim de receber bênçãos de Deus. A questão é: será que tal passagem nos dá base bíblica para essas campanhas? O texto diz:

Eu, Daniel, recebi essa visão depois de passar três semanas de luto. [...] Levantei os olhos e vi um homem vestido com roupas de linho e um cinto de ouro puro. [...]

E o homem me disse: "Daniel, você é muito precioso para Deus; por isso, ouça com atenção o que tenho a lhe dizer. Levante-se, pois fui enviado a você". Quando ele me disse isso, me levantei, ainda tremendo.

Em seguida, ele disse: "Não tenha medo, Daniel. Pois, desde o primeiro dia em que você começou a orar por entendimento e a se humilhar diante de seu Deus, seu pedido foi ouvido. Eu vim em resposta à sua oração. Por 21 dias, porém, o príncipe do reino da Pérsia me impediu. Então Miguel, um dos príncipes mais importantes, veio me ajudar, e eu o deixei ali com os reis da Pérsia.

Daniel 10.2,5,11-13

Esse relato trata especificamente do motivo de as orações do profeta naquela ocasião demorarem a ser atendidas. Foi uma revelação específica, não relacionada a um princípio universal.

Os anjos são descritos na Bíblia como mensageiros de Deus, encarregados de cumprir suas ordens. Aparentemente, parte da tarefa dos anjos é trazer respostas de oração ou, de alguma forma que desconhecemos, agir nas circunstâncias da vida para fazer acontecer o que os filhos de Deus pediram ao Senhor.

Há diferentes casos na Bíblia de respostas de oração que vieram por meio de anjos. Embora seja mais modesto ao relatar a atuação desses seres espirituais, o Novo Testamento deixa entrever que eles prosseguem desempenhando esse papel. Um exemplo é o do anjo que libertou Pedro da prisão (At 12.6-11).

Parece-nos claro que os anjos continuam agindo em nosso mundo. Eles atuam de forma invisível, e provavelmente já experimentamos libertação e solução de problemas pela mão de anjos, mesmo que ignoremos esse fato. Tais seres celestiais são totalmente discretos e, como servos de Deus, sabem que a glória não lhes pertence.

De tempos em tempos, pessoas vêm a público dizer que viram anjos. Não temos como comprovar que sim nem que não. São experiências particulares, e nesses casos é preferível deixar a questão entre quem as relata e Deus. A Bíblia, contudo, nos adverte a ter cuidado, porque Satanás se transfigura em anjo de luz (2Co 11.14). Além disso, Paulo alerta que devemos evitar o culto aos anjos (Cl 2.18). Tudo isso nos mostra que precisamos estar alertas, principalmente no que se refere ao relacionamento com Deus: nunca podemos nos esquecer de que somente Jesus Cristo pode mediar esse contato.

No caso de Daniel, vemos um anjo que trazia a resposta de Deus para o profeta, mas que durante 21 dias foi impedido por algum tipo de ser espiritual. O relato se refere a uma batalha entre anjos. É como se Deus tivesse aberto a cortina do mundo invisível que nos cerca e permitido que Daniel visse, de maneira rara, esse combate angelical. Creio que existem situações invisíveis a nossos olhos carnais que acontecem no âmbito espiritual e que não nos são dadas a conhecer.

O fato de a resposta de Daniel ter levado 21 dias não significa, em absoluto, que esse é algum tipo de prazo padrão, uma regra para respostas de oração. As igrejas que criam campanhas com prazo predeterminado de dias estão utilizando um sistema de interpretação que chamo de "reencenação" ou "apropriação". Parece que elas veem a Bíblia como um depósito de experiências religiosas acontecidas no passado que podem ser replicadas no presente. O fato, por exemplo, de Josué ter rodeado as muralhas de Jericó por sete dias até elas caírem dão a algumas pessoas a ideia de que podem fazer campanhas de sete dias para "derrubar os muros da doença" ou "derrubar os muros do desemprego".

Esse tipo de interpretação bíblica é insuficiente, defeituoso e equivocado, e acaba funcionando como base de toda uma gama de práticas bizarras. O que Deus fez com Josué,

Daniel, Moisés, José, Elias, Jacó e tantos outros personagens bíblicos no passado ele não necessariamente repetirá em nossa vida.

Existe uma enorme diferença entre o que é histórico e o que é normativo. Os acontecimentos históricos compõem o registro dos atos salvadores de Deus na história, boa parte deles ocorridos uma única vez e registrados na Bíblia exatamente por seu caráter único, não replicável. Já o que é normativo chega a nós sob a forma de princípios, mandamentos, regras gerais a serem obedecidas: orar sem cessar, não adulterar, não ter outros deuses diante do Senhor, amar o próximo como a si mesmo, não deixar de congregar. E os 21 dias de Daniel certamente não são um fato normativo.

O QUE DEVEMOS ENTENDER QUANDO NOSSO PEDIDO NÃO É ATENDIDO POR DEUS?

No Sermão do Monte, Jesus disse que, se pedíssemos algo ao Pai, receberíamos: "Pois todos que pedem, recebem. Todos que procuram, encontram. E, para todos que batem, a porta é aberta" (Mt 7.8). Isso parece uma garantia de que qualquer pedido que fizermos será atendido, a despeito da soberania de Deus. Na prática, contudo, não é o que acontece. Não recebemos tudo o que pedimos. Tiago afirma: "E, quando pedem, não recebem, pois seus motivos são errados; pedem apenas o que lhes dará prazer" (Tg 4.3), mas a verdade é que, às vezes, não somos atendidos até mesmo quando fazemos orações altruístas, como uma súplica pela cura de um ente querido. Se a soberania de Deus é decisiva na resposta das orações, por que Jesus disse o que disse?

O que Jesus parece estar dizendo em seu sermão é que Deus ouvirá nossas orações, atenderá ao nosso clamor e nos concederá o que é pedido. No entanto, entendo que o Filho não assegura que o Pai dará exatamente aquilo que pedimos, pois sabe que nem sempre pedimos a coisa correta, uma vez que não sabemos orar como convém. Embora eu acredite que toda oração é ouvida por Deus, isso não significa que ele responderá exatamente como queremos.

A resposta divina pode ser *não, espere um pouco* ou *sim*, mas de maneira distinta da que imaginamos. Há vários exemplos na Bíblia dessa realidade. Hebreus diz que Jesus foi atendido por Deus em suas súplicas e orações (Hb 5.7), mas, quando vemos o relato dos evangelhos, encontramos Cristo tendo seu pedido negado no Getsêmani, na noite em que foi preso (Mt 26.39; Mc 14.36; Lc 22.42). O que Jesus havia pedido, como homem, sob o peso do sofrimento da cruz, recebeu um *não* do Pai. Embora naquele momento ele tivesse suplicado que o cálice do sofrimento fosse passado dele, Jesus teria necessariamente de passar pela morte em prol daqueles que viriam a se beneficiar de seu sofrimento na cruz recebendo a redenção e o perdão de pecados.

Outro exemplo é o do apóstolo Paulo, que foi afligido por um espinho na carne a fim de não se deixar levar pela arrogância. A princípio, quando ele começou a sentir o sofrimento daquele espinho, pediu três vezes a Deus que o livrasse. O texto deixa claro que Deus ouviu a oração. Porém, a resposta foi um retumbante *não*: Deus não tiraria o espinho, mas concederia algo melhor, isto é, graça para suportar o tormento (2Co 12.7-10).

Portanto, as promessas de resposta de oração que encontramos na Bíblia precisam ser entendidas à luz do propósito maior de Deus para nós. O Senhor responde a todas as orações de seus filhos, e é isso que Jesus diz no Sermão do Monte: o que nós pedirmos, Deus haverá de atender. É um incentivo a perseverar e não desistir. Todavia, isso não significa que a resposta do Senhor será exatamente como queremos. E graças a Deus por isso!

Quando olho para o passado, vejo que, se Deus tivesse atendido a alguns de meus pedidos exatamente como eu gostaria, hoje eu não estaria onde estou. É exatamente porque Deus me ama que ele não atendeu à minha oração como pedi. Muitas vezes, ele me deu um *não* quando eu queria um *sim* e, tempos depois, percebi que o meu jeito não teria sido tão bom. Outras vezes, eu não havia nem mesmo pedido determinada coisa e Deus me concedeu, gratuitamente, por misericórdia.

O que Jesus quer dizer é que Deus sempre nos dá o que é melhor para nós, exatamente como um pai faz com seu filho. Porém, o filho nem sempre sabe o que pede nem sabe o que é melhor, algo que o pai sabe. E se pais humanos dão coisas boas aos filhos, quanto mais o Pai celestial dará aquilo de que temos necessidade e que é melhor para nós!

A fim de construir um entendimento amplo de determinado tema bíblico, é importante sempre o analisarmos como um todo, e não pegar somente uma passagem isolada sobre certo assunto. Portanto, em vez de apenas olhar para o Sermão do Monte com o objetivo de entendermos como se dá o processo de resposta divina às orações dos santos, precisamos analisar sistematicamente toda a Bíblia e observar tudo o que ela nos ensina a respeito do assunto. O resumo desse ensino é muito claro: Deus nos encoraja a pedir e promete que atenderá às orações, mas essa promessa não significa que ele nos dará exatamente *o que* queremos, *quando* desejamos e *como* imaginamos. Deus nos responde por graça e misericórdia, mas ele quer que tenhamos fé e insistamos em nossos pedidos, sem nunca desanimar.

É importante frisar que existem condicionantes para recebermos respostas de oração. João escreveu:

> Estamos certos de que ele nos ouve sempre que lhe pedimos algo conforme sua vontade. E, uma vez que sabemos que ele ouve nossos pedidos, também sabemos que ele nos dará o que pedimos.
>
> 1João 5.14-15

Essas palavras deixam claro que devemos pedir de acordo com a vontade do Senhor. A oração não é um cheque em branco que Deus nos deu, no qual podemos escrever qualquer coisa que quisermos, com a garantia de que ele nos atenderá. Na equação sempre entram os propósitos de Deus, seus interesses e a visão que ele tem do todo.

SERÁ MESMO QUE TODAS AS COISAS COOPERAM PARA O MEU BEM?

O apóstolo Paulo foi bastante assertivo quando escreveu: "E sabemos que Deus faz todas as coisas cooperarem para o bem daqueles que o amam e que são chamados de acordo com seu propósito" (Rm 8.28). No entanto, é comum vermos cristãos piedosos enfrentando doenças dolorosas, desemprego, crises, dificuldades e sofrimento. Por vezes a impressão que temos é de que há pessoas para quem tudo dá errado, como se Deus não lhes respondesse as orações: quanto mais elas oram, mais os problemas se agravam. Como conciliar a afirmação bíblica do apóstolo com essa realidade cotidiana?

A afirmação de Paulo é extremamente consoladora. Ela deixa claro que o Todo-poderoso está no controle de todas as coisas e faz que elas cooperem para o bem daqueles que o amam. Isso deveria nos dar muita segurança, na convicção de que, se amarmos o Senhor, ele encaminhará os fatos para o nosso bem. Que promessa maravilhosa!

Mas há um ponto que precisamos esclarecer para que as palavras de Paulo sejam de fato consoladoras. O que ele quis dizer com "bem"? Nesse contexto, "bem" não pode ser entendido como bênção material, prosperidade, solução de problemas, alívio para necessidades imediatas. Não é isso que Deus promete. Se não interpretarmos corretamente a Bíblia, o resultado é que a leremos de maneira errada.

O "bem" a que Paulo se refere aqui é explicado logo em seguida: "Pois Deus conheceu de antemão os seus e os predestinou para se tornarem semelhantes à imagem de seu Filho, a fim de que ele fosse o primeiro entre muitos irmãos" (Rm 8.29). O contexto mostra que o "bem" é que sejamos semelhantes a Cristo. Esse é o bem maior que Deus tem em mente quando faz que todas as coisas trabalhem conjuntamente para esse propósito.

Portanto, quando entendemos que o "bem" mencionado nessa passagem é que nesta vida sejamos mais e mais semelhantes à pessoa de seu Filho Jesus, fica claro que o conceito não exclui fracassos, decepções, desilusões, provações, doenças ou infelicidade. Afinal, é por meio de situações como essas que Deus nos leva a crescer à semelhança de Cristo. Compreender isso é fundamental.

Para que o Pai desenvolva em nós o caráter de Jesus, ele faz uso das provações desta vida. As tribulações vêm porque Deus quer nos ensinar paciência, perseverança e outras virtudes necessárias para que nos aproximemos da natureza do Filho. Devemos ter em mente o que disse Paulo:

> Também nos alegramos ao enfrentar dificuldades e provações, pois sabemos que contribuem para desenvolvermos

> perseverança, e a perseverança produz caráter aprovado, e o caráter aprovado fortalece nossa esperança, e essa esperança não nos decepcionará, pois sabemos quanto Deus nos ama, uma vez que ele nos deu o Espírito Santo para nos encher o coração com seu amor.
>
> Romanos 5.3-5

O plano de Deus para nós é que sejamos como Jesus. O Filho era plenamente obediente ao Pai, mas viveu uma vida de provação. Submisso, nunca se ouviu de sua boca queixa alguma. Antes, amou seus inimigos e fez o bem em todo tempo e lugar. Embora Deus queira que sejamos como Cristo, o fato é que somos pecadores, inclinados a todo mal, e mesmo regenerados a inclinação para o pecado permanece. Visto que não aprendemos somente ouvindo bons sermões e lendo bons livros, Deus usa a escola da vida. Ele recorre, por exemplo, às contrariedades e a seu próprio silêncio.

O apóstolo Paulo, portanto, não está dizendo que Deus faz que tudo coopere para a prosperidade material dos que o amam, mas para o bem maior que o Pai deseja para nós: que sejamos semelhantes a seu Filho Jesus Cristo.

Também é importante nos perguntarmos se a vida é, de fato, apenas uma sequência de misérias e desastres. Será que não estamos deixando de ver as bênçãos que Deus tem derramado sobre nós? Em geral, quando analisamos a situação de pessoas que vivem reclamando, constatamos que há muita coisa boa acontecendo na vida delas.

COMO ENTENDER A RELAÇÃO ENTRE A SOBERANIA DE DEUS E A DECISÃO HUMANA?

Ao tratar da influência da soberania de Deus e da responsabilidade humana nas coisas da vida, precisamos ter em mente algumas questões fundamentais. Primeiro, qualquer resposta para esse aparente paradoxo tem de se basear na Bíblia. Há muitas tentativas filosóficas, argumentativas e lógicas para explicar esse dilema, porém tais áreas do conhecimento nunca nos darão uma resposta completa. Afinal, estamos tratando do relacionamento com um Deus infinito, eterno e tão maravilhoso que não somos capazes de compreender perfeitamente. O Criador está muito além de nossa lógica.

A mente do Senhor é humanamente incompreensível e muito misteriosa. Nós, seres criados e limitados, certamente não teremos resposta plena para muitos dos dilemas e interrogações que surgem em nossa relação com o Todo-poderoso. Por exemplo, a Bíblia fala de Deus como sendo um, porém também diz que nele subsistem três pessoas, iguais em majestade, domínio e glória: Pai, Filho e Espírito Santo.

Isso é um mistério. Outro aparente paradoxo lógico tem a ver com a natureza de Jesus Cristo, que é plenamente humano e, ao mesmo tempo, plenamente divino.

O que a Igreja cristã tem feito ao longo da história é manter os dois lados de cada paradoxo bíblico juntos. Ou seja, afirmamos que há um só Deus e confessamos que o Pai é Deus, o Filho é Deus e o Espírito Santo é Deus. São verdades que caminham em paralelo, juntas, sem uma resolução lógica. É o que chamamos de mistério da fé cristã. O mesmo se dá em relação à natureza de Cristo: não negamos nem sua divindade nem sua humanidade; nós as compreendemos como coexistentes, mas não sabemos ao certo como isso funciona.

A questão da soberania divina e da decisão humana também se encaixa nessa categoria de mistério. É realmente difícil de entender, do ponto de vista da lógica cartesiana, o funcionamento conjunto do decreto de Deus e das escolhas dos homens. Temos de manter as duas realidades como certas sem que uma negue a outra.

Há muitas passagens na Bíblia que não deixam dúvidas de que Deus decretou tudo o que existe, escolheu os seus antes da fundação do mundo e governa tudo de acordo com sua vontade. Essa determinação faz que, por exemplo, ele possa anunciar o futuro e assegurar o retorno de Cristo, a ressurreição dos mortos e o juízo final. Só que, de uma forma que não entendemos, o Senhor estabeleceu seus decretos envolvendo a participação das decisões livres de suas criaturas. Ou seja, quando uma pessoa toma uma decisão, ela o faz porque quer.

Nesse sentido, o ser humano é um agente livre. Ele age de acordo com o que considera certo ou errado, e suas decisões condizem com sua natureza. Porém, essa escolha não impede que o plano de Deus ande exatamente como ele havia planejado. Assim, o Senhor planejou a história da humanidade de modo que nossas orações, decisões e escolhas fizessem parte dela. Elas são reais e estão envolvidas no plano de Deus desde a eternidade.

O dilema lógico que se apresenta é: Deus me dá escolhas e me responsabiliza por minhas decisões ao mesmo tempo que guia minha vida, me controla, me orienta e faz sua vontade se cumprir em mim. São duas realidades que se harmonizam no dia a dia e, embora possam parecer um dilema, caminham juntas. Ambas são reveladas nas Escrituras, e não podemos anular uma ou outra em busca de uma solução lógica. Temos de, simplesmente, abraçar esse aparente paradoxo como um mistério da fé.

─────── **3** ───────

A MENTE DO MUNDO

Heresias, erros e crendices sobre temas bíblicos

COMO SABER A DIFERENÇA ENTRE ERRO E HERESIA?

Embora pareça existir grande diversidade de denominações e igrejas evangélicas, há um conjunto de doutrinas comuns ao cristianismo histórico que é partilhado pela maior parte dos evangélicos. Aliás, são justamente esses ensinamentos que nos definem como cristãos evangélicos. Portanto, precisamos ter muito claro qual é o conjunto de verdades que formam o núcleo do que é considerado o cristianismo bíblico histórico.

Um desses ensinamentos é a doutrina da Trindade, que afirma haver um único Deus, subsistente em três pessoas: Pai, Filho e Espírito Santo. Essa doutrina foi definida pelos primeiros concílios da Igreja e permanece sem alteração até hoje. Outro ensinamento que está no cerne do cristianismo é o que afirma a plena divindade e humanidade de Jesus Cristo. Ele é Deus Filho encarnado.

Outro ponto é a crença na morte sacrificial de Jesus, isto é, crer que ele morreu na cruz do Calvário pelos pecados de muitos, não para dar exemplo ou como mártir, mas de forma expiatória, como propiciação pelos pecados dos que creem. Há, também, a questão da ressurreição de Cristo dentre os mortos, de modo literal e físico, ao terceiro dia. A ressurreição do Senhor não é conceitual, algo como "ele sobreviveu na memória dos discípulos e na pregação do evangelho". Foi um evento histórico real.

O núcleo inegociável da fé cristã advoga, ainda, a justificação do pecador somente pela fé em Jesus. Ninguém é salvo por mérito, por obras ou pela mediação de homens ou instituições, mas mediante a fé em Cristo. A segunda vinda de Jesus também é uma verdade absoluta do cristianismo histórico: o Senhor voltará, aparecendo em glória, para julgar vivos e mortos. Além disso, eu também colocaria o conceito da inspiração da Bíblia e de sua infalibilidade entre os pensamentos centrais da fé cristã.

Essas doutrinas são o núcleo daquilo que tem sido chamado de cristianismo histórico, com pouca ou nenhuma variação. Portanto, se você perguntar aos irmãos assembleianos, por exemplo, se eles creem nesses pontos, eles os afirmarão na totalidade. O mesmo se dará com os irmãos de igrejas como a batista, a presbiteriana, a luterana ou a metodista.

No entanto, embora as diferentes linhas denominacionais, doutrinárias e teológicas tenham esses ensinamentos em comum, elas divergem em questões relacionadas à vida cristã, ao papel da Igreja neste mundo e a outros aspectos que costumamos chamar de secundários ou periféricos. Entram aí questões como o batismo (por imersão ou aspersão? credobatismo ou pedobatismo?), os sistemas para governar a igreja (congregacional, episcopal ou presbiteriano?), os dons espirituais (cessaram na geração apostólica ou continuam em nossos dias?), aspectos de usos e costumes (pode fazer tatuagem ou não? pode usar barba ou não?), a maneira de realizar a Ceia do Senhor (cálice único ou comum? todo domingo ou uma vez por mês?), e assim por diante.

As divergências de pensamento não contradizem nenhum dos pontos centrais que mencionei inicialmente e, por isso, tais questões não podem ser consideradas heresias. O nome que damos a isso é *erro*. Chamamos assim porque alguém estará certo e os demais, errados, sem que esse erro afete a redenção, a salvação ou o relacionamento com Deus de quem está equivocado. Da mesma forma, se eu estiver errado com relação ao sistema de governo em que acredito, isso também não afetará diretamente nenhuma das doutrinas centrais da fé. Portanto, essa área de divergências é considerada suscetível a produzir erros, mas não heresias.

Com relação aos erros, devemos enxergar os irmãos que divergem de nós com caridade, piedade, amor, tolerância e compreensão e não deixar que a diferença de opinião em tais questões nos separe de quem pensa como nós nos pontos centrais. Por isso, como presbiteriano, considero meus irmãos em Cristo os assembleianos, os batistas, os luteranos, os episcopais e todos os demais cristãos evangélicos que pensam como eu nas questões da Trindade, da divindade de Cristo, da morte expiatória de Jesus na cruz, da sua ressurreição literal, da justificação pela fé somente, da inspiração das Escrituras e da segunda vinda de Cristo.

Além dos erros, existem as heresias, que são ensinamentos contraditórios aos pontos fundamentais já mencionados. Por exemplo, o unitarianismo, que nega a Trindade. Trata-se de uma heresia, porque afeta diretamente o ser de Deus e a revelação que ele fez de si mesmo nas Escrituras. Ou, então, o entendimento de que a salvação é pelas obras, pelo mérito da pessoa. A ideia de que Deus salva e perdoa os pecados daquele que agiu corretamente é contrária ao ensino basilar do cristianismo de que a salvação é pela graça, mediante a fé em Jesus. Se Cristo realizou a obra completa na cruz, não há nada a ser acrescentado a ela. Outro exemplo é o universalismo, que advoga a salvação de todos os homens no final, um ensino que vai contra o evangelho de Cristo — afinal, se todos serão salvos no fim, qual seria a necessidade de Jesus ter morrido na cruz? O universalismo torna o ensino sobre o inferno descartável, o que faz dele uma heresia.

É importante ressaltar que um erro pode se tornar uma heresia. Usemos como exemplo a questão do batismo. Suponhamos que o batismo por aspersão seja a forma correta, como eu creio. Se eu estiver errado, isso seria um erro, mas meu equívoco não impediria minha salvação nem a de outras pessoas. No entanto, se eu disser que, se você não for batizado por aspersão, irá para o inferno, meu ensino se transformará em heresia. Portanto, erros podem se tornar heresias quando os conceitos de áreas secundárias invadem a arena central da fé.

Outro exemplo de erro que pode se tornar heresia está relacionado às profecias. É seu direito acreditar que Deus manifesta o dom da profecia em nossos dias. Tudo bem, ninguém é herege por crer nisso. Mas se você disser que Deus, por meio do dom da profecia, está revelando novas verdades que não estão na Bíblia, o erro se transformará em heresia, pois abrirá a porta para contradições à Palavra de

Deus. Esse fenômeno, aliás, acontece muito, com o surgimento de falsos profetas que dizem ter recebido revelações completamente contrárias à Palavra de Deus.

Os erros não ferem as doutrinas essenciais para a salvação. As heresias, por sua vez, ferem. Portanto, tomemos cuidado para que nossas opiniões em áreas secundárias da fé não façam de nós hereges.

COMO DEBATER COM QUEM TEM PENSAMENTOS CONTRÁRIOS AOS NOSSOS?

Vivemos na era da pós-verdade. Isso significa que as pessoas se acostumaram a fazer afirmações sem se preocupar com bases que comprovem o que estão dizendo. Em meio a essa realidade, vemos o crescimento do ateísmo e de outros pensamentos contrários à fé cristã. Como devemos conversar sobre tais questões? Será que nós, cristãos, devemos entrar em debates ou é melhor ficarmos em silêncio? Esse problema tem se tornado cada vez mais complexo, principalmente quando consideramos os debates realizados na internet.

O grande problema é que a internet é uma terra de ninguém: no ambiente virtual, você pode dizer o que quiser, por meio de um perfil falso, citando afirmações sem indicar a fonte, e ninguém saberá se é *fake news* ou não. O debate de ideias é proveitoso, mas precisa ser feito no fórum apropriado, em um ambiente que garanta resultados. Debates interessantes são, por exemplo, os eventos em que estejam presentes pessoas com pensamentos contrários, mediadores, uma plateia selecionada e regras. Nesse sentido, o ambiente acadêmico é excelente para o debate de ideias.

A internet, por outro lado, permite a livre expressão de pessoas despreparadas, sem conhecimento do que estão falando. É, portanto, ambiente propício para agressões, ataques e promoção de inverdades. Pode acontecer, por exemplo, de um especialista na área de bioética fazer uma postagem com dados e estatísticas resultantes de determinada pesquisa realizada com seriedade e receber um comentário agressivo de alguém que mal concluiu o ensino médio. Essas discussões até podem ter certo proveito, caso despertem a atenção das pessoas para temas que não teriam escutado de outra maneira, mas em geral não são edificantes nem enriquecedoras.

Discussões na internet sobre temas polêmicos produzem muito mais calor que luz e, não raro, desembocam em agressões pessoais. Nunca podemos nos esquecer de que devemos tratar as pessoas com respeito, sem ofensas pessoais. Muitas vezes, confundimos a ideia com a pessoa e ofendemos um ser humano achando que com isso derrubaremos suas ideias. E isso está errado.

Porém, apesar dos problemas causados pelos debates realizados de modo impróprio na internet, precisamos reconhecer que as redes sociais têm sido um instrumento extraordinário de Deus para levar a verdade do evangelho a locais e pessoas que não seriam alcançados de outras maneiras.

COMO FALAR SOBRE IDOLATRIA?

De tempos em tempos, lemos nos jornais casos de evangélicos que invadem locais de culto católicos ou de religiões afro-brasileiras e destroem imagens de santos e divindades dessas tradições religiosas. Será que isso é fanatismo ou as pessoas que agem dessa maneira estão certas em seu procedimento? Como devemos lidar, de forma bíblica, com quem comete atos de idolatria?

Fanatismo é uma manifestação religiosa que se baseia em um conceito errado bem como se expressa de maneira equivocada. Trata-se de uma religiosidade distorcida, uma defesa daquilo que uma pessoa acredita de modo desfocado, desrespeitoso, violento. O fanatismo existe em todo lugar e em toda forma de expressão religiosa. Gosto de defini-lo em termos de conteúdo: um fanático pode ser uma pessoa que esteja defendendo a coisa certa, mas do modo errado.

A primeira coisa a fazer é analisar com cuidado as notícias sobre tais ocorrências, pois a imprensa é por vezes cristofóbica e não costuma medir esforços para criar uma imagem ruim dos evangélicos. Então, devemos nos perguntar: será que a pessoa que invadiu um centro ou uma igreja para destruir ídolos quebrou as imagens porque ouviu em sua igreja que tinha de fazer isso ou será que ela é simplesmente uma pessoa desrespeitosa e mal-educada que queria destruir alguma coisa? Temos de verificar se, de fato, existe relação de causa e efeito em cada caso.

Podemos e devemos nos expressar e nos posicionar em relação à nossa discordância de práticas e crenças de outras religiões. Porém, isso deve ser feito com respeito e graça. Eu creio que a veneração — um nome politicamente correto para a adoração — de imagens é biblicamente errada, mas posso dizer isso de uma forma que não ofenda o outro. Desejo esse respeito para mim e, portanto, devo manifestá-lo aos outros. Aliás, a Constituição brasileira protege os locais de culto, de modo que empastelar um centro ou uma igreja é crime.

A sociedade costuma associar ao protestantismo a ideia do iconoclasta, isto é, a pessoa que destrói ídolos. Infelizmente, houve episódios no início da Reforma Protestante que deram motivo para que os inimigos da Reforma fizessem isso. Na Escócia, por exemplo, algumas pessoas que haviam se tornado reformadas entraram nas catedrais, quebraram imagens e destruíram murais e obras de artes antigas. Esse movimento iconoclasta resultou em má reputação para a Reforma Protestante naquela região.

Isso, contudo, não é uma verdade universal. No Antigo Testamento, Deus ordenava que as imagens fossem destruídas e reduzidas a pó. O israelita tinha de se livrar dos ídolos dos povos pagãos que viviam ao redor de Israel e Judá.

Aquilo era parte da revelação de Deus com relação ao monoteísmo e à verdadeira religião. Por isso, Deus entendeu que tais medidas eram necessárias para mostrar ao povo que devia fugir da idolatria.

No Novo Testamento, à medida que Deus se revela progressivamente e com mais clareza, fica claro que nossa atitude para com pessoas de outras religiões é a *evangelização*. Em vez de destruir seus símbolos e objetos de culto, nosso papel é anunciar-lhes Cristo como Senhor e Salvador. Quando Paulo esteve em Atenas, testemunhou a enorme idolatria do povo grego. Havia um ídolo em cada esquina. O apóstolo aproveitou a ocasião e, em vez de chutar as imagens da religião grega pagã, estabeleceu pontes para a proclamação das boas-novas de Jesus (At 17.16-34).

Para não ser chamado de fanático, o cristão deve, em primeiro lugar, demonstrar entendimento da religião do outro. Se você disser a um católico que ele adora uma imagem, ele reagirá na hora, porque, na teologia romana, existe a diferença entre *latria*, que é adoração, dada somente a Deus, e *dulia*, que é a veneração ou o serviço feito aos santos e às imagens. Portanto, o católico lhe responderá dizendo: "Eu não adoro essas imagens, eu venero essas imagens. Adoro somente a Deus". Teologicamente, então, o católico faz essa distinção. É preciso saber disso para compreender a reação de católicos quando afirmamos que ele está praticando a idolatria.

Porém, essa distinção é semântica. Concretamente, é idolatria, sim. Precisamos estar preparados para dizer ao católico que a distinção entre veneração e adoração não funciona, porque, na prática, o fiel católico faz pedidos e promessas a santos mortos, beija as imagens, ajoelha-se e prostra-se diante delas. Se isso não é adoração, o que é?

Assim, a distinção entre *latria* e *dulia*, adoração e veneração, acaba se dissolvendo no catolicismo popular. Mas o evangélico precisa entender isso para não acusar o católico sem compreender seu pensamento. Se demonstramos entendimento da religião dos outros, se compreendemos por que o outro age e reage de determinada maneira, podemos dialogar com ele e apontar-lhe o que a Bíblia de fato diz. E as Escrituras deixam claríssimo que, no culto a Deus, não se pode fazer imagem de escultura. Um diálogo com conhecimento de causa, serenidade e gentileza não permite que ninguém seja chamado de fanático.

CRISTÃOS E MUÇULMANOS ADORAM O MESMO DEUS?

Muitos países do mundo, especialmente da Europa, têm sido inundados pelo proselitismo islâmico. Isso se dá sobretudo em decorrência de um movimento crescente de imigração e do aumento populacional acelerado das comunidades muçulmanas no mundo ocidental. No Brasil, o número de islâmicos ainda é pequeno em comparação ao total da população. A aproximação geográfica entre as populações muçulmanas e cristãs suscita algumas perguntas. Muita gente se questiona, por exemplo, se o Deus de ambas as religiões é o mesmo, uma vez que é senso comum que elas descendem dos filhos de Abraão: os judeus de Isaque e os árabes de Ismael.

Embora haja uma raiz étnica em comum, há diferenças abissais e marcantes entre o deus professado pela religião islâmica e o Deus dos cristãos. Os islâmicos, os cristãos e os judeus são monoteístas, isto é, essas três religiões creem que céus e terra foram criados por um único Deus, que é invisível, eterno, todo-poderoso, onisciente e soberano.

No entanto, a diferença central, crucial e marcante é que o Deus do cristianismo é trino, isto é, subsiste em três pessoas: Pai, Filho e Espírito Santo. No judaísmo e no islamismo esse conceito não existe. Para os judeus e os muçulmanos, deus não tem filho e, portanto, na visão deles, Jesus Cristo foi um homem como qualquer outro, não divino.

A verdade é que só existe um Deus. O que varia é a percepção e a compreensão que as pessoas fazem desse Deus. Assim, se ele não se revelar, não disser quem é e como é, ficaremos tateando no escuro. Nós, cristãos, entendemos que o Senhor se revelou nas Escrituras do Antigo Testamento, onde já havia indícios da Trindade, e no Novo Testamento se revelou na pessoa de Cristo, que é a expressão plena do Criador. Jesus é Deus feito homem, é Deus entre nós. Entendemos que o Senhor se revelou e nos disse a verdade a seu respeito: há um só Deus, que subsiste em três pessoas.

Nós, cristãos, entendemos que o conceito de "deus" do islamismo não é fruto de revelação divina, mas da concepção de um homem chamado Maomé. Acreditamos que sua concepção pessoal o levou à escrita do Alcorão, o livro sagrado dos islâmicos. Portanto, com todo respeito, entendemos que o deus adorado pelos islâmicos não é o mesmo Deus do cristianismo, uma vez que é totalmente diferente em sua essência.

POR QUE O ECUMENISMO É UM CAMINHO DIFÍCIL PARA UNIR RELIGIÕES?

Um ditado popular afirma que todos os caminhos levam a Deus. O que essas palavras querem dizer é que, no fim das contas, todas as religiões são a mesma coisa e representam apenas trajetos diferentes para encontrar o mesmo Criador. Isso traz implícita a ideia de que, independentemente das opções religiosas, no fim Deus estará pronto a receber todas as pessoas. Esse pensamento é a mola propulsora para o ecumenismo.

A palavra *ecumenismo* vem de um termo grego que significa "o mundo habitado" e passou a ser usada para definir a ideia de que, embora existam diversas expressões da religiosidade humana, haveria apenas uma religião e um único Deus. A ideia é muito antiga e, aliás, antecede o cristianismo. A tradição judaico-cristã se posicionou radicalmente contra a ideia de as religiões serem expressões diferentes do sentimento religioso centrado no mesmo Deus.

Muitas religiões da época do Antigo Testamento poderiam ser consideradas ecumênicas, porque eram politeístas e seus deuses não eram exclusivos. A pessoa poderia, por exemplo, adorar Baal e, ao mesmo tempo, adorar Nebo, Astarote e qualquer outra divindade. Havia um ecumenismo, com diferentes deuses e diferentes cultos, mas não de forma excludente.

Em meio a esse cenário, Jesus aparece e afirma: "Eu sou o caminho, a verdade e a vida. Ninguém pode vir ao Pai senão por mim" (Jo 14.6). Com isso, ficou claro para os cristãos que fora da fé em Cristo não existe possibilidade de salvação. Portanto, desde seu nascimento o cristianismo rejeitou tanto a ideia ecumênica de que no final todos seriam salvos quanto a ideia de que cada religião é uma expressão de adoração diferente do mesmo Deus.

É interessante perceber que o próprio Jesus condenou com veemência os fariseus de sua época, embora eles fossem extremamente religiosos. Os apóstolos de Cristo tomaram atitude semelhante quando iniciaram a pregação do evangelho e se opuseram fortemente a expressões religiosas legalistas e libertinas, que desqualificavam a essência da fé cristã. O apóstolo Paulo combateu várias dessas expressões e deixou claro a seus praticantes que aquilo que ensinavam era contrário à revelação de Deus. Chegou até mesmo a dizer: "Que seja amaldiçoado qualquer um, incluindo nós, ou mesmo um anjo do céu, que anunciar boas-novas diferentes das que nós lhes anunciamos" (Gl 1.8).

Quando falamos de ecumenismo, precisamos lembrar que existem diferentes níveis. O nível que acabei de descrever e condenar seria o chamado ecumenismo religioso, que propõe que, no fim, todas as religiões levam a Deus — o que é uma falácia, de acordo com Jesus e seus apóstolos.

Mas há um segundo nível, chamado ecumenismo cristão, que advoga que todos os ramos do cristianismo deveriam se unir. Assim, se dentro da fé cristã há católicos, reformados, ortodoxos, luteranos, coptas e outros, não se poderia falar da união de todos os cristãos? A resposta é que isso seria muito desejável, porém a grande dificuldade é definir qual seria a base comum que nos possibilitaria estar unidos em culto e adoração a Deus. O que seria essencial para que eu pudesse ter comunhão com alguém que se diz cristão?

Nesse ponto, temos de recorrer aos credos da Igreja. O Credo Apostólico, por exemplo, que foi elaborado como uma tentativa de unir os cristãos dos primeiros séculos em torno de uma base comum, afirma:

> Creio em Deus Pai, Todo-poderoso, Criador do céu e da terra. Creio em Jesus Cristo, seu único Filho, nosso Senhor, o qual foi concebido por obra do Espírito Santo; nasceu da virgem Maria; padeceu sob o poder de Pôncio Pilatos, foi crucificado, morto e sepultado; ressurgiu dos mortos ao terceiro dia; subiu ao céu; está sentado à direita de Deus Pai Todo-poderoso, donde há de vir para julgar os vivos e os mortos. Creio no Espírito Santo; na Santa Igreja Universal; na comunhão dos santos; na remissão dos pecados; na ressurreição do corpo; na vida eterna. Amém.

Com o passar do tempo, foram levantadas questões acerca de aspectos essenciais do cristianismo, como, por exemplo, a pessoa de Cristo, sua humanidade e divindade. Os cristãos discutiram a respeito disso e se dividiram. Por essa razão, foram elaborados credos que falam da pessoa de Jesus Cristo, como o Credo Niceno:

Creio em um Deus, Pai Todo-poderoso, Criador do céu e da terra, e de todas as coisas visíveis e invisíveis; e em um Senhor Jesus Cristo, o unigênito Filho de Deus, gerado pelo Pai antes de todos os séculos, Deus de Deus, Luz da Luz, verdadeiro Deus de verdadeiro Deus, gerado não feito, de uma só substância com o Pai; pelo qual todas as coisas foram feitas; o qual por nós homens e por nossa salvação, desceu dos céus, foi feito carne pelo Espírito Santo da Virgem Maria, e foi feito homem; e foi crucificado por nós sob o poder de Pôncio Pilatos. Ele padeceu e foi sepultado; e no terceiro dia ressuscitou conforme as Escrituras; e subiu ao céu e assentou-se à direita do Pai, e de novo há de vir com glória para julgar os vivos e os mortos, e seu reino não terá fim. E no Espírito Santo, Senhor e Vivificador, que procede do Pai e do Filho, que com o Pai e o Filho conjuntamente é adorado e glorificado, que falou através dos profetas. Creio na Igreja una, universal e apostólica, reconheço um só batismo para remissão dos pecados; e aguardo a ressurreição dos mortos e da vida do mundo vindouro.

Na época da Reforma Protestante, em reação aos abusos, erros e heresias da Igreja Católica Apostólica Romana (ICAR), surgiram, entre outras, as seguintes perguntas: como podemos realmente ser salvos por meio de Jesus Cristo? As obras humanas influenciam a salvação? O que é a Igreja? O que são os sacramentos? Qual é o papel do Espírito Santo na redenção? Com isso, mais uma vez foi necessário escrever confissões, credos e declarações que fundamentassem a união dos cristãos.

A Reforma estabeleceu uma base sobre a qual cristãos, dentro do grande guarda-chuva do cristianismo, se unissem. Porém, os reformados chegaram à conclusão de que não é possível se unir à ICAR, uma vez que os católicos introduzem em suas crenças e práticas conceitos estranhos às Escrituras, criam doutrinas como a infalibilidade papal, extrapolam na questão da tradição, têm um entendimento errado sobre os sacramentos, rezam para santos mortos e para Maria, inventam elementos como o purgatório, e assim por diante. Conclui-se, então, que não dá para ser ecumênico com a ICAR. Os reformados entendem que o catolicismo é uma religião completamente diferente daquilo que a Reforma Protestante entende ser a religião cristã verdadeira.

Entendo que a base para o ecumenismo, isto é, para a comunhão dos cristãos, são os pontos centrais ensinados pelas Escrituras: Trindade, divindade de Cristo, justificação pela fé somente, inspiração da Palavra de Deus, ressurreição literal de Cristo, a segunda vinda do Senhor e a exclusividade de Cristo na salvação. Se você crê nisso, você é meu irmão.

UNGIR COM ÓLEO OU NÃO?

A Bíblia orienta: "Alguém está doente? Chame os presbíteros da igreja para que venham e orem sobre ele e o unjam com óleo, em nome do Senhor. Essa oração de fé curará o enfermo, e o Senhor o restabelecerá" (Tg 5.14-15). Como devemos entender essa prática, e quais são exatamente seus efeitos? Em outras palavras, para que serve a unção com óleo na fé cristã?

Ungir pessoas com óleo é uma prática muito antiga, instituída entre o povo de Israel na época do Antigo Testamento. Era usada para consagração de reis e juízes, como quando o profeta Samuel consagrou Davi para ser monarca de Israel, derramando óleo sobre ele (1Sm 16.13). Além disso, o óleo também era aspergido em alguns dos móveis e utensílios do templo de Jerusalém, como sinal de consagração diante de Deus, uma vez que teriam finalidades sagradas. O óleo parece simbolizar a ação do Espírito Santo no Antigo Testamento. Assim, ungir algo ou alguém com óleo significava separar aquele objeto ou pessoa para o serviço a Deus.

No Novo Testamento, há apenas duas passagens que falam sobre unção com óleo. A primeira delas é quando Jesus envia os doze discípulos em missão a fim de pregar o evangelho. O texto diz que eles "expulsaram muitos demônios e curaram muitos enfermos, ungindo-os com óleo" (Mc 6.13). A segunda passagem é a de Tiago já mencionada acima.

Ao que parece, no período da Igreja, a unção com óleo para a consagração de uma pessoa ao serviço de Deus parece ter sido substituída pela imposição de mãos. Em Atos e nas cartas de Paulo, observamos a imposição de mãos ser usada a fim de separar pessoas para o serviço de Deus, especialmente no que se refere ao exercício do diaconato e do presbiterado (At 9.17; 28.8; 1Tm 5.22; Hb 6.1-2). Portanto, no Novo Testamento o óleo não é mais uma marca da consagração de alguém. A leitura de Tiago não dá base para práticas que vemos em muitas igrejas de nossos dias, como a unção de objetos, a consagração de pessoas ou mesmo a extrema-unção católica.

O texto diz que a unção com óleo é uma iniciativa que deve partir do doente, quando a pessoa está tão fraca que não pode se locomover e, por isso, chama os presbíteros da igreja. Assim, os líderes eleitos pela igreja para governar a comunidade são chamados para ir até o enfermo, na casa dele ou no hospital. Fica claro que a iniciativa é do doente e a unção não deve acontecer no culto público, porque tiraria o foco da adoração a Deus e o depositaria sobre um elemento qualquer da igreja.

Por fim, o texto afirma que a cura do doente virá pela oração de fé, e não em consequência da unção com óleo. O ato de ungir é apenas símbolo da ação curadora do Espírito

Santo. O óleo em si não tem poder algum. Há quem ore para consagrar o óleo, mas isso não tem a menor fundamentação bíblica.

É interessante observar que Tiago prossegue e dá mais uma informação: "E, se cometeu algum pecado, será perdoado" (Tg 5.15b). O que ele descreve é um processo que funciona da seguinte maneira: a pessoa está tão doente que não pode sair de casa; por isso, chama os presbíteros, que vão até ela e ouvem sua confissão de pecados. Essa é uma ocasião para a pessoa pôr a vida em ordem, pois pode ser que sua doença resulte da ação disciplinadora de Deus em decorrência de algum erro ou pecado que ela cometeu. Essa confissão, convém ressaltar, nada tem a ver com a confissão auricular praticada na Igreja Católica. No contexto de Tiago, a unção com óleo é um símbolo de que a cura, o perdão e a restauração foram realizados pela ação do Espírito Santo, e não dos presbíteros ou do doente. Até porque o foco, ali, são a confissão do doente, o perdão de pecados e a oração dos presbíteros em seu favor.

DEUS NOS FALA POR SONHOS, VISÕES E REVELAÇÕES?

O Antigo Testamento relata diversas ocasiões em que Deus falou com seu povo por meio de sonhos, visões e revelações específicas. No Novo Testamento, também encontramos diferentes pessoas experimentando sonhos, visões e manifestações sobrenaturais em que Deus lhes transmitiu mensagens variadas. Como entender esses eventos à luz da Bíblia?

Não há, no Novo Testamento, nenhuma passagem que diga que Deus nos guiará e mostrará o futuro por meio de sonhos, visões, pressentimentos ou premonições. Não há nenhuma promessa sobre isso. É verdade que em Atos encontramos episódios como a visão de Pedro sobre Cornélio ou de Ananias sobre Paulo (At 9—10), mas esses são casos de alguém que recebeu uma revelação de Deus sobre o destino de outra pessoa ou algo ligado à história da redenção.

O ensinamento do Novo Testamento ao cristão sobre a vontade de Deus tem a ver com conhecer os princípios bíblicos, exercer bom senso, escutar bons conselhos e aguardar a providência de Deus quando ele abre ou fecha portas.

A questão de sonhos, revelações, visões e profecias é muito subjetiva e concorre com a Palavra de Deus, nossa única regra de fé e prática. Não podemos admitir duas fontes de conhecimento ou influência.

Precisamos nos apegar às Escrituras, aprender o que ela ensina, aplicar os princípios no dia a dia e tomar cuidado com impressões, sonhos e emoções. Muita coisa vem da cabeça ou das emoções, ou mesmo de espíritos enganadores. Lembremos a passagem em que Paulo encontrou uma mulher em Filipos que estava possuída por um espírito de adivinhação. Ela acertava todas as predições sobre o futuro, mas era inspirada pelo diabo (At 16.16-18). Portanto é preciso ter cuidado com isso.

Eu não posso afirmar que Deus não tenha poder para tratar de forma direta com uma pessoa em nossos dias. Seria leviano dizer que o Senhor não é capaz disso, mas posso garantir que essa não é a maneira regular pela qual Deus guia seus filhos. No Novo Testamento, não encontramos nenhuma orientação para buscar a vontade divina por meio de sonhos, profecias ou fenômenos de natureza semelhante.

Suponhamos que Deus eventualmente dê uma revelação a alguém. Aquilo é entre a pessoa e o Senhor, um fato isolado, uma experiência única que não pode se tornar base para a criação de novas doutrinas. Esse indivíduo não poderia chegar para a igreja e dizer algo como: "Deus me revelou que todos precisamos vestir azul". Muitas das doutrinas e práticas erradas no meio neopentecostal vêm exatamente desse tipo de situação. Revelações sobrenaturais em que Deus supostamente apresenta um novo modelo, estratégia ou forma de culto como norma para a vida da igreja é algo extrabíblico.

Alguém poderia mencionar a profecia de Joel 2.28, citada por Pedro no dia de Pentecostes (At 2.14-21), como prova de que sonhos e visões são costumeiros na vida dos cristãos depois da descida do Espírito Santo. Contudo, essa passagem tem de ser considerada dentro do contexto maior do Novo Testamento. Lembremos que, nas cartas escritas às igrejas, os autores não parecem pressupor que Deus revela sua vontade por sonhos e visões. Em Atos, sonhos e visões foram restritos praticamente aos apóstolos e seus associados, em momentos decisivos da história da salvação, como na visão de Pedro sobre o lençol, a fim de persuadi-lo de que o evangelho deveria ser pregado aos gentios (At 10).

Por essa razão, mantemos que sonhos e visões não são a maneira costumeira de Deus guiar seu povo e, por isso, não devemos esperá-los como normais em nossa vida — tampouco considerar a falta desses fenômenos como evidência de frieza ou carnalidade.

O QUE SIGNIFICA ADORAR EM ESPÍRITO E EM VERDADE?

No episódio em que Jesus encontra a mulher samaritana à beira de um poço, ele diz algo intrigante:

> No entanto, está chegando a hora, e de fato já chegou, em que os verdadeiros adoradores adorarão o Pai em espírito e em verdade. São estes os adoradores que o Pai procura. Deus é espírito, e é necessário que seus adoradores o adorem em espírito e em verdade.
>
> João 4.23-24, NVI

Para que essa realidade tenha consequências em nossa vida e não cometamos equívocos, precisamos compreender exatamente o que significa adorar a Deus em espírito e em verdade.

Destaquemos as circunstâncias em que Jesus disse isso. Ele estava atravessando a região de Samaria, quando parou à beira de um poço. Enquanto seus discípulos iam à cidade buscar alimento, uma samaritana chegou a fim de tirar água do poço, e Jesus iniciou um diálogo com ela. Em certo momento, começaram a falar acerca do local correto de prestar adoração a Deus, um tema que tem origens históricas.

Séculos antes, após a morte de Salomão, acontecera a divisão da nação israelita em reino do norte, Israel, cuja capital era Samaria, e reino do sul, Judá, que tinha Jerusalém como capital. Sem abrir mão do culto a Javé, os samaritanos instituíram cultos idólatras, criando um sincretismo religioso. Já os judeus permaneciam adorando no templo de Salomão, em Jerusalém, onde estavam os sacerdotes, o altar do sacrifício e a arca da aliança. Assim, Israel e Judá se desenvolveram como duas religiões diferentes: ambas diziam adorar o mesmo Deus, Criador dos céus e da terra, mas uma tinha o culto centralizado no monte Gerizim, em Samaria, e a outra tinha o culto centralizado no monte Sião, em Judá.

É no contexto dessa realidade histórica e religiosa que a samaritana pergunta a Jesus: "Então diga-me: por que os judeus insistem que Jerusalém é o único lugar de adoração, enquanto nós, os samaritanos, afirmamos que é aqui, no monte Gerizim, onde nossos antepassados adoraram?" (Jo 4.20). O Senhor, por sua vez, lhe diz que Deus procura *adoradores*. O Deus da Bíblia quer ser adorado, por isso ele busca quem o adore. Essa é a razão de ele ter criado o mundo e a humanidade e estabelecido o plano da redenção: ele busca adoradores, pessoas que manifestem sua glória e vivam para ela.

Porém, Deus não procura quem o adore de qualquer maneira. Há um modo correto pelo qual o Senhor deseja ser adorado. Ele não aceita adoração prestada em desacordo com os padrões que ele próprio estabeleceu. Ao responder à mulher que Deus procura quem o adore em espírito e em verdade, Jesus estabelece que não podemos adorá-lo como bem imaginamos, mas que precisamos saber como ele deseja ser adorado. Os padrões de adoração partem do Senhor, e não do homem. Jesus menciona, então, dois dos princípios que constituem a adoração que Deus aprova.

Primeiro, Deus é espírito, e é necessário que seus adoradores o adorem em espírito. Com isso, ele quis dizer que, sendo o Todo-poderoso Espírito, não está preso a lugar nenhum, pois não tem expressão física. Deus quer ser adorado em qualquer lugar e sem representações físicas. Portanto, Jesus deixou claro que o culto prestado em Samaria, que envolvia imagens, estava errado, e que havia acabado a época em que Deus era adorado em um só local, o templo de Jerusalém. O reino de Deus iria, agora, a todas as nações e o Criador seria adorado não somente em Jerusalém, mas na Judeia, em Samaria e até os confins da terra. É importante ressaltar que esse era o plano original de Deus, desde o começo dos tempos.

Com relação à representação física do Criador, convém esclarecer que a única manifestação que Deus deu de si mesmo foi a pessoa de Jesus. O Onipotente se fez carne na pessoa do Filho, que cumpriu sua missão de morrer pelos pecadores, ressuscitou dos mortos e está à direita do Pai, onde tem todo poder nos céus e na terra. Não devemos fazer representação alguma do Pai, do Filho ou do Espírito Santo com o intuito de prestar-lhe adoração, pois Deus não aceita ser adorado por esse meio.

Há pessoas que entendem, equivocadamente, que Jesus se referia a adorar a Deus em *Espírito*, com *E* maiúsculo, em referência a uma adoração em que o Espírito Santo atuaria e, por isso, seriam justificáveis manifestações como pular, dançar e rodopiar. Não é esse, porém, o sentido das palavras do Senhor. Quando Jesus diz que Deus quer que o adoremos em espírito, não é uma referência ao Espírito Santo, mas, sim, ao espírito em oposição à matéria, o invisível em contraste com o visível. É adorar a Deus espiritualmente, na mente e no coração, sem que haja expressões físicas como imagens. Isso se evidencia quando o contexto é analisado: Jesus falava a uma samaritana que vivia em um ambiente no qual havia culto a imagens.

Mas Jesus foi além, e disse que a adoração desejada pelo Criador é, também, em verdade. A verdade, nesse contexto, é a que se refere à pessoa de Cristo. No Evangelho de João, a verdade é sempre Cristo, como ele mesmo afirmou: "Eu sou o caminho, a verdade e a vida. Ninguém pode vir ao Pai senão por mim" (Jo 14.6). Em outras palavras, Deus deseja ser adorado com conhecimento da verdade. Isso significa que não basta ser sincero, pois uma pessoa pode estar errada mesmo agindo com sinceridade. Assim, a pessoa erra quando inventa um modo de cultuar a Deus diferente do desejado pelo Senhor.

A verdade na adoração é a que Deus revelou por meio de Cristo, isto é, o Senhor busca quem o adore sabendo quem o Pai, o Filho e Espírito Santo são, compreendendo por que adoramos e por que damos graças, e entendendo que a redenção ocorre única e exclusivamente por meio de Jesus.

Logo, o culto a Deus está ligado à verdade. Esse é o culto que ele deseja. Em nossos dias, as pessoas parecem ignorar isso e acham que culto e adoração devem ser feitos mediante pura emoção, numa manifestação livre daquilo que se sente. Mas não é nada disso.

Quando medito em quem Cristo é, na beleza de seu ser, nas naturezas divina e humana do Senhor, em seu sacrifício na cruz e em sua glória como aquele que venceu a morte e está sentado à direita do Pai, sou motivado a adorar. Meu espírito se curva diante desse Deus em gratidão, reconhecimento, respeito e desejo de servi-lo.

O QUE SIGNIFICAM BATISMO COM ESPÍRITO SANTO, BATISMO COM FOGO E SER CHEIO DO ESPÍRITO SANTO?

Existe muita confusão sobre o real significado de ser batizado com o Espírito Santo, ser batizado com fogo e ser cheio do Espírito Santo. Para compreender exatamente o que esses fenômenos distintos significam, precisamos analisar as Escrituras.

A Bíblia apresenta o batismo com o Espírito Santo como a experiência inicial de salvação, quando o Espírito de Deus vem sobre a pessoa, regenera-a e passa a habitar nela. Esse fenômeno dá início à vida cristã do indivíduo. A confusão sobre o real significado do termo tem origem em Atos. O relato de Lucas registra episódios ocorridos com determinados grupos de pessoas que, aparentemente, já eram crentes em Jesus e foram "batizadas com o Espírito Santo". É o caso dos discípulos e apóstolos no dia de Pentecostes (At 2.1-13), de duas situações de fronteira missionária, como Filipe e os samaritanos (At 8.4-22) e Pedro e Cornélio (At 10.1-33), e dos discípulos de João Batista que Paulo encontrou em Éfeso (At 19.1-7).

O que aconteceu nessas ocasiões? Durante a pregação da Palavra de Deus, o Espírito Santo desceu sobre pessoas que começaram a falar em línguas e profetizar. O objetivo do relato dessas quatro experiências é registrar, documentar e autenticar a inserção de grupos distintos na Igreja de Jesus Cristo. O dia de Pentecostes mostrou o fenômeno com relação aos judeus; depois, aos samaritanos (povo miscigenado de origem israelita); em seguida, aos gentios; e, por fim, aos discípulos de João Batista que Paulo encontrou em Éfeso, como representantes do grupo da transição de João para Jesus. Com isso, fechou-se o círculo, isto é, a inclusão de todos os grupos humanos na Igreja.

Para nós, que vivemos dois milênios depois daquelas experiências, o batismo com o Espírito Santo acontece no momento da conversão. Ao escrever à igreja de Corinto, já estabelecida e em funcionamento, Paulo diz:

> Alguns de nós são judeus, alguns são gentios, alguns são escravos e alguns são livres, mas todos nós fomos batizados em um só corpo pelo único Espírito, e todos recebemos o privilégio de beber do mesmo Espírito.
>
> 1Coríntios 12.13

Penso que essa é a experiência normal, desde o Pentecostes até hoje: a pessoa crê em Jesus, é integrada ao Corpo de Cristo e, com isso, é batizada com o Espírito Santo. É um fenômeno que coincide com a regeneração, a justificação e a habitação do Espírito Santo no cristão. É a primeira vez em que a pessoa é cheia do Espírito Santo. Só que, depois dessa experiência inicial de batismo com o Espírito Santo, o indivíduo o entristece com seus pecados, resiste-lhe e negligencia seus deveres espirituais. O resultado é que a carne e o pecado exercem domínio sobre a pessoa. Com isso, o crente em Jesus precisa, diariamente, buscar ser cheio do Espírito Santo e controlado por ele, a fim de que possa vencer a carne e o pecado, obedecer a Deus e exercer os dons e ministérios que o Senhor lhe confiou. Portanto, entendo que batismo com o Espírito Santo é sinônimo do início de nossa vida cristã.

Outro fenômeno bíblico relacionado à terceira pessoa da Trindade a que João Batista se refere é o batismo com fogo:

> Eu batizo com água aqueles que se arrependem. Depois de mim, porém, virá alguém mais poderoso que eu, alguém muito superior, cujas sandálias não sou digno de carregar. Ele os batizará com o Espírito Santo e com fogo. Ele já tem na mão a pá, e com ela separará a palha do trigo e limpará a área onde os cereais são debulhados. Juntará o trigo no celeiro, mas queimará a palha no fogo que nunca se apaga.
>
> Mateus 3.11-12

Entendo que, nessa passagem, João Batista está se referindo a duas coisas. Primeiro, ele diz que o Messias batizaria seu povo com o Espírito Santo. Isso corresponde ao que vem a seguir, quando explica que Deus limparia a área onde os cereais são debulhados e queimaria a palha no fogo que nunca se apaga. A figura que ele usa é a de um agricultor que vai ao campo, recolhe o trigo, separa os grãos das impurezas e armazena o alimento no depósito. Isso é o batismo com o Espírito Santo, uma referência à salvação dos pecadores e à integração deles na Igreja.

Já o batismo com fogo corresponde ao juízo de Deus sobre a palha, como o versículo 12 deixa muito claro. Trata-se de uma referência ao sofrimento eterno no inferno para os ímpios. Portanto, nessas palavras de João Batista há uma referência a dois batismos: com o Espírito Santo, para o povo de Deus, que corresponde a armazenar o trigo no celeiro; e com fogo, representando o juízo divino sobre os ímpios, que corresponde a queimar a palha com fogo inextinguível.

Quando, no dia de Pentecostes, o Espírito Santo desceu, apareceram línguas de fogo sobre a cabeça das pessoas. As línguas significavam a purificação do coração, a mudança de vida, indicando a obra do Espírito Santo no coração do cristão. Esse fenômeno, porém, não é chamado de batismo. Portanto, a referência de João Batista, aqui, não é ao que ocorreria no dia de Pentecostes, mas ao juízo final, quando Cristo queimará a palha em fogo inextinguível.

Torna-se evidente que precisamos ter cuidado antes de pedir a Deus que batize alguém com fogo, pois, se o fazemos, estamos pedindo que o Senhor mande alguém para a condenação eterna.

O crente em Jesus não deseja ser "batizado com fogo", mas ser cheio do Espírito Santo. Para compreender o que isso significa, devemos ler o que Paulo escreveu aos efésios: "Não se embriaguem com vinho, pois ele os levará ao descontrole. Em vez disso, sejam cheios do Espírito" (Ef 5.18). Aqui, o apóstolo dá aos cristãos a ordem inegociável de se encherem com o Espírito Santo. Trata-se de um mandamento que deve ser cumprido diariamente. O Espírito Santo é puro e não tem parte com o pecado. Portanto, ser cheio do

Espírito Santo significa ser dominado pela terceira pessoa da Trindade, o que traz como consequência a santidade.

Muita gente acha que ser cheio do Espírito Santo é manifestar algum tipo de fenômeno visível, mas a verdadeira prova de que uma pessoa está cheia do Espírito Santo é uma vida de santidade. Paulo estabelece um contraste claro nessa passagem, quando opõe a embriaguez com álcool ao enchimento com o Espírito Santo: uma pessoa embriagada pensa e age sob influência da bebida, enquanto um indivíduo cheio do Espírito Santo se põe de tal modo sob a influência divina que palavras, ações, sentimentos, decisões e escolhas são guiados e controlados pelo Espírito Santo.

DEVO ME MUTILAR PARA NÃO PECAR?

O Sermão do Monte apresenta afirmações extremamente impactantes. Entre elas, uma que tem despertado debates. Jesus disse:

> Vocês ouviram o que foi dito: "Não cometa adultério". Eu, porém, lhes digo que quem olhar para uma mulher com cobiça já cometeu adultério com ela em seu coração. Se o olho direito o leva a pecar, arranque-o e jogue-o fora. É melhor perder uma parte do corpo que ser todo ele lançado no inferno. E, se a mão direita o leva a pecar, corte-a e jogue-a fora. É melhor perder uma parte do corpo que ser todo ele lançado no inferno.
>
> Mateus 5.27-30

A leitura imediata dessas palavras pode dar a entender que Jesus está nos instigando a mutilar-nos fisicamente sempre que formos tentados a pecar. Porém, o texto precisa ser interpretado de maneira figurada, e não literal. Caso contrário, seremos levados à conclusão de que temos de arrancar um pedaço do corpo sempre que nos sentirmos tentados a cometer um pecado, o que é um absurdo do ponto de vista bíblico.

Nessa passagem, Jesus está reinterpretando a lei, isto é, está dizendo que o mandamento de não adulterar tem um alcance maior que simplesmente a traição conjugal. Bastaria uma pessoa cobiçar uma mulher que não seja a sua para quebrar o sétimo mandamento.

O que Jesus afirma aqui é a necessidade de arrancar o mal pela raiz — e não uma parte do corpo. É obvio que ele não está sendo literal. Até porque uma pessoa pode arrancar os olhos e continuar cometendo o mesmo pecado de antes, porque as imagens que suscitam o pecado estão gravadas no coração: o indivíduo tem a lembrança das mulheres que viu e, ainda que se torne cego, terá a capacidade de cometer o mesmo tipo de transgressão.

Quando o Senhor diz que é melhor perder uma parte do corpo que ser todo ele lançado no inferno, amplia a metáfora do olho e da mão, enfatizando que precisamos tomar todas as medidas possíveis e necessárias para que não pequemos. Vista no contexto e à luz do restante do Novo Testamento, fica claro que essa passagem deve ser interpretada figurativamente. Esta é uma regra de interpretação bíblica muito importante: quando a leitura literal de um texto for absurda, deve-se optar pela figurada. Embora, em primeiro plano, a leitura literal seja sempre prioritária, se a interpretação ao pé da letra for contrária ao evangelho, é evidente que as informações devem ser compreendidas no sentido figurado.

Devemos tomar cuidado para não desvalorizar o que é dito pelo fato de a linguagem ser simbólica, um erro frequente.

Um exemplo disso é a realidade do inferno. Quando se fala sobre o estado de perdição eterna, muitos amenizam o sofrimento vindouro sob a alegação de que a imagem do fogo, do verme e do ranger de dentes seria figurada. Mesmo que tais imagens sejam meramente simbólicas, isso não diminui a seriedade e a gravidade do inferno. Afinal, esses elementos apontam para uma realidade tão terrível que Jesus usou a simbologia para exprimir uma dor excruciante. A interpretação simbólica de algumas realidades não diminui a seriedade daquilo a que se referem.

É o caso das palavras de Jesus no Sermão do Monte. Quando ele nos manda arrancar um olho e uma mão, está simplesmente afirmando que devemos tomar todas as medidas necessárias para não cometermos pecado. Se aplicarmos a realidade dos tempos do ministério terreno de Jesus aos nossos dias, arrancar o olho ou a mão poderia ser entendido como cortar o acesso à internet para a pessoa que sofre com o vício em pornografia, sair de grupos de bate-papo por aplicativos de *smartphone* para quem não consegue ter diálogos santos pelo celular, e outras atitudes equivalentes, dependendo do tipo de tentação que a pessoa sofra.

A conclusão é que, em nome da santidade, a pessoa deve tomar medidas extremas para manter o coração puro e a mente limpa. Afinal, é isso que Deus deseja de nós.

O QUE SIGNIFICA ESCANDALIZAR O IRMÃO?

Paulo afirmou em sua primeira carta à igreja de Corinto que não devemos escandalizar os irmãos: "E, por isso, se a comida serve de escândalo a meu irmão, nunca mais comerei carne, para que não venha a escandalizá-lo" (1Co 8.13, RA). Isso talvez nos leve a refletir sobre até que ponto devemos nos atentar fielmente a esse versículo, visto que muitas atitudes naturais e normais escandalizam alguns irmãos. Como compreender essa instrução bíblica? Para responder a essa dúvida, é preciso entender o contexto do que Paulo está tratando.

A cidade grega de Corinto possuía diversos templos dedicados a deuses pagãos. O culto praticado nesses templos era muito parecido com o que Deus havia estabelecido, por meio de Moisés, para os israelitas realizarem no tabernáculo e, posteriormente, no templo de Jerusalém. Na época do Antigo Testamento, parte do culto a Deus consistia no sacrifício de animais levados pelos israelitas como pagamento por seus pecados. Esses animais eram os melhores do rebanho, precisavam ter determinada idade e não podiam ter defeitos. Havia todo um ritual envolvido no sacrifício: o sacerdote matava o animal, drenava seu sangue e o esquartejava. Em seguida, queimava algumas partes, descartava outras e dividia o restante entre ele próprio e o penitente.

A origem do problema abordado por Paulo é que toda aquela enorme quantidade de carne sacrificada aos falsos deuses dos templos de Corinto ganhava destinos variados: era consumida ali mesmo, no templo, era vendida para mercados municipais ou era transportada para a casa do penitente, a fim de ser consumida por parentes e amigos. A prática era comum no templo de Deus em Jerusalém e também nos templos idólatras de Corinto.

Essa realidade criou um dilema para os cristãos convertidos daquelas religiões pagãs. Eles sabiam que, muito provavelmente, a carne comprada nos mercados de Corinto ou oferecida nos churrascos dos amigos vinha dos templos das divindades pagãs, após o oferecimento em sacrifício aos ídolos. E agora? Como deveriam agir para manter a consciência tranquila? Será que comer carne em Corinto seria cometer idolatria? Na dúvida, aqueles irmãos resolveram escrever a Paulo pedindo um parecer sobre a viabilidade de comer o alimento.

A resposta de Paulo (1Co 8—10) foi mais ou menos a seguinte: os cristãos coríntios não deveriam ir ao templo pagão comer churrasco com os amigos, pois aquilo poderia ser entendido como idolatria, mas não havia problema em comer o alimento adquirido no mercado, visto que não estava mais no ambiente de culto. O apóstolo liberou também o consumo de tudo o que se põe na mesa, sem nada perguntar por motivo de consciência. Porém, estabeleceu uma regra importante: se o cristão estivesse acompanhado de outra pessoa e ela dissesse que a carne sacrificada aos ídolos não deveria ser consumida, então o irmão ou a irmã não deveria comer. A razão da abstenção não deveria ser o fato de a carne haver sido oferecida em sacrifício a demônios, mas sim a consciência da pessoa que se opôs.

A questão aqui é o que significa o termo "escandalizar". O texto diz: "Contudo, tenham cuidado para que sua liberdade não leve outros de consciência mais fraca a tropeçarem" (1Co 8.9). Quem são os de consciência fraca? Os irmãos que tinham escrúpulos de comer a carne com medo de estarem praticando idolatria. Como a carne, em si, não carrega mal algum, o indivíduo é livre para se alimentar dela à vontade. Portanto, o escândalo não é contrariar o irmão, mas sim, pelo exemplo pessoal, abrir portas para que o irmão fraco raciocine da seguinte maneira: "Se fulano está comendo carne no templo, eu também posso". Então ele vai, come e a consciência o acusa, porque não está preparado para isso. O escândalo é fazer tropeçar o irmão, e não contrariar a opinião dele.

Não podemos deixar a consciência do fraco ditar a ética da Igreja, mas, se nossas atitudes levarem um irmão fraco a tropeçar, devemos abrir mão da liberdade por amor a ele. Essa instrução de Paulo vale para qualquer outra coisa no que se refere à liberdade cristã.

O CRISTÃO DEVE COMEMORAR A PÁSCOA?

A celebração da Páscoa só perde em popularidade, entre os cristãos, para o Natal. Apesar disso, há muitas concepções equivocadas sobre essa data, as quais convém esclarecer.

Originalmente, a Páscoa é uma festa judaica. Seu nome vem do hebraico *Pesach*, que significa "passar por cima". Trata-se de uma referência ao episódio da décima praga do Egito, quando Deus enviou o anjo da morte para tirar a vida dos primogênitos de todas as casas cuja porta não estava marcada com o sangue de um cordeiro. Depois desse episódio, que selou a saída dos hebreus da escravidão do Egito, Moisés instituiu a festa da Páscoa como um memorial. Nela, um cordeiro é sacrificado e comido com ervas amargas e pão sem fermento (Êx 12).

E qual é a relação dessa celebração israelita com o cristianismo? Acontece que Jesus foi traído, preso e morto justamente por ocasião dessa festa, em Jerusalém, e sua ressurreição aconteceu no domingo pela manhã, após o sábado pascal. Uma vez que sua morte aconteceu na sexta-feira, a chamada Sexta-Feira da Paixão entrou no calendário litúrgico cristão durante a Idade Média. Na noite da quinta-feira, antes de ser traído, Jesus comeu o cordeiro pascal com seus discípulos, mas determinou que estes passassem a comer não mais a ceia da Páscoa, mas o pão e o vinho, que simbolizavam seu corpo e seu sangue.

Visto que foi durante a celebração da Páscoa que Jesus instituiu a Ceia do Senhor em substituição à festa judaica, a rigor, os cristãos não celebram aquela mesma Páscoa. Para nós, ela apontava simbolicamente para o sacrifício de Jesus, o Cordeiro de Deus, cujo sangue impede que o anjo da morte nos destrua para sempre.

A Páscoa não é um dia santo para os cristãos, para quem há apenas um dia que poderia ser considerado santo, o domingo, uma vez que foi nesse dia que Jesus ressuscitou dos mortos. A ressurreição é o foco de seu sacrifício na cruz, pois, se ele não tivesse ressuscitado, sua morte teria sido vã. Ao ressuscitar com o mesmo corpo que havia morrido, Jesus comprovou ser o Filho de Deus.

Lamentavelmente, algumas igrejas são bem judaizantes e celebram não só a Páscoa, mas diferentes festas judaicas, trazendo para o cristianismo símbolos que não têm a ver com o evangelho de Jesus Cristo, como o candelabro, a estrela de Davi, roupas rabínicas e coisas semelhantes. Isso é tão errado como trazer coelhinho e ovo da Páscoa ou árvore de Natal e presentes de Papai Noel para dentro da igreja. São símbolos pagãos ou da antiga aliança inseridos em um contexto cristão, quando a cruz é suficiente.

Paulo escreveu: "Cristo, nosso Cordeiro pascal, foi sacrificado" (1Co 5.7). Logo, fica claro que Cristo é nossa

Páscoa. Não temos mais de celebrar a Páscoa judaica, mas, sim, a morte e a ressurreição de Jesus.

O ACASO VAI ME PROTEGER?

O livro de Eclesiastes confunde muita gente, pois por vezes parece sugerir que existe algo que, por definição, se opõe frontalmente à soberania divina: o acaso. Será que o acaso existe? Será que as coisas da vida seguem sem direção à mercê do caos? Vejamos o que diz o versículo que mais gera confusão:

> Vi ainda debaixo do sol que não é dos ligeiros o prêmio, nem dos valentes, a vitória, nem tampouco dos sábios, o pão, nem ainda dos prudentes, a riqueza, nem dos inteligentes, o favor; porém tudo depende do tempo e do acaso.
>
> Eclesiastes 9.11, RA

Nada escapa da vontade divina. Consequentemente, é lógico concluir que, se Deus é quem a Bíblia diz que ele é, não há acaso, sorte, destino ou qualquer outro conceito que nos leve a pensar que os acontecimentos da vida seguem soltos, ao sabor da maré.

Porém, quem lê essa declaração de Eclesiastes pode pensar que não adianta ser ligeiro, valente, sábio, prudente ou inteligente, porque o sucesso ou a derrota das pessoas dependeria do acaso. Isso subentende que os fatos são totalmente imprevisíveis e que a história não segue nenhum plano definido. Será mesmo? Será que as coisas acontecem aleatoriamente? Como é possível conciliar esse versículo com outras passagens da Bíblia em que a soberania de Deus é explicitada? Como conciliar a ideia de acaso com a de um Deus que tem tudo sob controle e governa sobre todos os fatos?

Primeiro, é preciso lembrar que o livro de Eclesiastes foi escrito pelo rei Salomão para retratar a peregrinação espiritual pela qual ele passou até chegar à conclusão declarada no fim do livro: temer a Deus e guardar seus mandamentos é a essência de todas as coisas (12.13). Salomão começa narrando que era rei em Israel, muito rico e sábio, e que se dedicou a buscar prazeres, sabedoria e entendimento. Todavia, à medida que observava o mundo e via as coisas acontecerem, cada vez mais se decepcionava e caía em um vazio existencial.

As coisas pareciam não fazer sentido aos olhos do rei. Como entender que aquilo que acontecia ao justo também acontecia ao injusto? E se é assim, não é melhor comer e beber, porque amanhã morreremos todos? Lembremos que Eclesiastes reflete os pensamentos de Salomão de uma perspectiva completamente humana, sem levar Deus em consideração. Ele fala como um homem do mundo que observa a realidade — tanto que diz isso no início do livro (1.13). Salomão começa explicando que fez essas observações "debaixo do sol", expressão a que recorre repetidas vezes. Se entendemos que ela significa simplesmente o mundo em que vivemos, que está abaixo do sol, entendemos que acima do sol estão Deus e as coisas celestiais. Portanto, a expressão descreve o espaço onde Deus está e onde nós estamos.

Segundo, ao fazer a descrição de como é a vida debaixo do sol, sem levar Deus em conta, Salomão empregou a linguagem usada pelas pessoas. Quando ele fala que tudo depende de se estar no lugar certo na hora certa, não significa que ele acredita em acaso. O rei está falando como uma pessoa "debaixo do sol", fazendo uma avaliação do mundo onde as coisas parecem de fato acontecer aleatoriamente. As pessoas pensam que não há uma regularidade, uma lógica, uma coerência por trás da história e que as coisas são casuais, fruto de coincidências e caos.

Logo, do ponto de vista meramente humano, alguém que olha a realidade fará uma análise parecida com a de Salomão. A olhos que ignoram a soberania divina, a conclusão é mesmo esta: a vitória, o prêmio, o pão, a riqueza e o favor não são dos inteligentes, ligeiros e sábios, mas daqueles a quem o acaso vier a conduzir. Afinal, é fato que muitas pessoas inteligentes não ganham nada; outras, ligeiras, não conseguem obter recompensa alguma; e indivíduos que nunca fizeram coisa alguma de valor de repente são extremamente abençoados. Do ponto de vista humano, a história parece realmente ser governada pelo acaso.

A verdade, porém, é que Deus governa o mundo. Ele está no controle do universo. Nada acontece por acaso. O próprio Jesus disse que até os cabelos de nossa cabeça estão contados (Mt 10.30; Lc 12.7). Salmos diz: "Tu me viste quando eu ainda estava no ventre; cada dia de minha vida estava registrado em teu livro, cada momento foi estabelecido quando ainda nenhum deles existia" (Sl 139.16). Portanto, a Bíblia é muito clara em relação ao soberano governo e controle de Deus sobre todas as coisas, desde a eternidade.

O "acaso" não existe. Pode parecer que as coisas acontecem por sorte ou como resultado do caos, mas quem conhece Deus e a Bíblia sabe que as aparências enganam. O ponto aqui é que, quando Deus determinou que as coisas acontecessem, estabeleceu o que chamamos de causas secundárias, isto é, os meios pelos quais acontecem o que foi por ele proposto e decretado desde a eternidade.

Imagine que Deus elegeu para a salvação um índio que vive no interior do Amazonas. Assim, ele predestina e decreta que, um dia, um missionário cruze montanhas e vales, rios e mares, e chegue à Amazônia para pregar o evangelho. Ou seja, Deus não somente decreta as coisas, mas também organiza os meios pelos quais elas acontecerão. Uma vez que não conhecemos os planos divinos e enxergamos apenas os meios, para nós pode não fazer sentido. Às vezes, fico sem entender por que certas coisas acontecem na minha vida, exatamente porque Deus não me revelou os segredos de sua providência, isto é, o que ele tem planejado para mim. No entanto, confio que todas as coisas são feitas por Deus e são parte de um projeto muito bem arquitetado e conduzido por ele, ainda que pareçam ser obra do acaso.

Então, a resposta é que da perspectiva humana o acaso se refere aos fatos que acontecem sem que vejamos a conexão entre eles. Da perspectiva divina, porém, tudo está muito bem planejado e corre de acordo com sua vontade.

É interessante observar que no fim do livro Salomão diz:

Esta é minha conclusão: tema a Deus e obedeça a seus mandamentos, pois esse é o dever de todos. Deus nos julgará por todos os nossos atos, incluindo o que fazemos em segredo, seja o bem, seja o mal.

Eclesiastes 12.13-14

Ora, se Deus haverá de trazer juízo sobre todas as coisas e se lhe prestaremos contas de nossos atos, logo somos responsáveis por eles. Não podemos culpar o acaso, o destino ou o caos pelas escolhas que fizemos neste mundo, porque Deus está no controle de tudo.

MAU-OLHADO, MAGIA E OUTRAS OBRAS MALIGNAS AFETAM CRISTÃOS?

Existe em muitas igrejas a ideia de que os cristãos estão submetidos à influência de fenômenos como mau-olhado, magia e outras atividades negativas, cujas origens estariam na atuação de forças diabólicas. Com a disseminação de certas teorias sobre batalha espiritual, quebra de maldição, expurgo de mau-olhado e coisas semelhantes, temos de esclarecer esses assuntos, a fim de evitar enganos. Para isso, precisamos começar admitindo a realidade das forças do mal.

A Bíblia é muito clara sobre a existência de Satanás e dos demônios, anjos caídos que se rebelaram contra Deus e se encontram em constante oposição a ele. Tais seres visam o tempo todo prejudicar os seres humanos. Condenados por Deus ao fogo eterno, ainda não habitam o inferno, mas atuam no mundo presente, operando entre os seres humanos de formas variadas.

As Escrituras nos revelam diferentes maneiras pelas quais os demônios agem contra nós, das quais a mais comum é a tentação. Trata-se, simplesmente, da maneira utilizada pelos espíritos malignos para instigar as pessoas a agirem contrariamente à vontade de Deus. Temos como exemplos bíblicos a tentação de Adão e Eva no jardim e a de Jesus no deserto. Os demônios tentam as pessoas por meio de sugestões e uma série de outras ferramentas, com o objetivo de que elas cometam pecado e, assim, se afastem de Deus.

Além da tentação, a atuação demoníaca também ocorre por meio de opressão, que são tentações fixas, definidas e persistentes, que produzem um estado de letargia, desânimo, desespero e confusão na vida das pessoas. O caso de Saul, no Antigo Testamento, é um exemplo.

O último estágio para a ação das forças espirituais da maldade é a possessão demoníaca, fenômeno caracterizado pelo domínio sobre a mente e o corpo das pessoas. Com isso, os indivíduos endemoninhados perdem o controle do que dizem e fazem e passam a servir de instrumento para os demônios. O Novo Testamento menciona diversos casos de possessão demoníaca.

A Bíblia considera essas forças espirituais do mal uma realidade e nos alerta contra o envolvimento com elas. Encontramos ao longo do texto bíblico numerosas proibições à invocação ou adoração de demônios, ao ocultismo e a uma série de práticas que poderiam abrir o coração e a mente para a ação influenciadora desses seres espirituais. A conclusão é que existe, sim, a possibilidade de uma pessoa ser atacada, agredida, oprimida, tentada e possuída por demônios.

Para enganar as pessoas, os demônios criaram meios de agir supostamente sob o comando delas. Por exemplo, quem faz trabalhos de magia para atingir desafetos pensando ter domínio sobre os espíritos está sendo enganado. Os demônios não estão debaixo do controle dos seres humanos. A realidade é justamente o contrário: quem os invoca crendo estar dando-lhes ordens e tarefas na verdade está se enredando em uma teia de jugo e morte.

Em razão dos abusos cometidos na área de batalha espiritual por certas igrejas neopentecostais, muitas igrejas mais conservadoras e tradicionais correm o risco de pender para o lado oposto. Com isso, excluem de sua pregação e instrução referências ao diabo, aos anjos caídos e à possibilidade de opressão e possessão demoníaca. Esses são extremos equivocados. O ponto de equilíbrio é o que a Bíblia diz. Principalmente, o que ela menciona acerca da atuação dos demônios na vida dos crentes em Jesus Cristo.

Os cristãos podem, sem a menor sombra de dúvida, ser tentados. Creio até que podem ser oprimidos. Porém, entendo que a possibilidade da possessão demoníaca é nula para quem pertence a Cristo, visto que o Espírito Santo habita nele. Contra o povo de Deus não há encantamento, mau-olhado ou trabalhos de magia que funcionem.

Muitos cristãos afirmam que um crente em Jesus pode sofrer possessão demoníaca se "der brecha" ou, como ficou comum dizer nos últimos tempos, se "der legalidade" para o inimigo. A base para isso seria uma afirmação de Jesus, registrada pelo evangelista Mateus:

> Quando um espírito impuro deixa uma pessoa, anda por lugares secos à procura de descanso, mas não o encontra. Então, diz: "Voltarei à casa da qual saí". Ele volta para sua antiga casa e a encontra vazia, varrida e arrumada. Então o espírito busca outros sete espíritos, piores que ele, e todos entram na pessoa

e passam a morar nela, e a pessoa fica pior que antes. Assim acontecerá com esta geração perversa.

Mateus 12.43-45

Essa declaração de Jesus pode ser compreendida equivocadamente como a base para se afirmar que, se um cristão der brecha no coração, pode ser alvo de possessão demoníaca. Para compreender isso, precisamos ver o contexto. Jesus estava em um confronto com os líderes religiosos judeus, e a grande questão que os fariseus discutiam é de onde vinha o poder sobrenatural de Cristo. Na opinião deles, uma vez que Jesus desobedecia a preceitos do judaísmo da época mas realizava milagres, seu poder vinha de Satanás.

Quando ouviu isso, Jesus os confrontou e lhes disse que esse tipo de declaração é blasfêmia contra o Espírito Santo, para a qual não há perdão (Mt 12.31-32). Fica claro que o contexto se refere a atribuir a Satanás o que é obra do Espírito Santo, como dizer que Jesus era possesso por Satanás. É nesse momento que os mestres da lei pedem que ele lhes mostre um sinal para que vissem se ele realmente procedia de Deus. Diante disso, Jesus faz a afirmação acerca do retorno do demônio à casa de onde antes saíra.

Jesus se referia ao fato de que ele havia quebrado o poder de Satanás sobre aquela geração de judeus, expelido demônios, curado pessoas, "limpado a casa", mas, ainda assim, encontrava resistência da parte deles. Aqueles homens se recusavam a crer que Jesus era o Filho de Deus. Diante disso, avisou que a situação ficaria ainda pior, porque ele havia expelido os demônios, mas logo iria embora. Visto que aqueles judeus o haviam rejeitado, os espíritos malignos voltariam com carga sete vezes pior, e o estado deles seria mais deplorável do que então.

Portanto, a passagem em questão diz respeito às pessoas da época de Jesus que o rejeitaram depois de ele haver "expelido o demônio" que dominava aquela geração. O Senhor os alertou de que a situação ficaria pior, porque aquele demônio voltaria com mais sete. E assim aconteceu: algum tempo depois, os judeus planejaram matar Jesus, levantaram-se contra ele, crucificaram-no e perseguiram os cristãos até a morte — conforme Jesus profetizara.

A conclusão é que a afirmação de Cristo não pode ser interpretada como "se o cristão der brecha, Satanás entra", porque Jesus se referia àquela geração incrédula e perversa de judeus.

Tenho certeza de que há pessoas más que realizam trabalhos ocultistas para prejudicar cristãos. São indivíduos que fazem barganhas com demônios em troca da realização de seus maus intentos. Eles vão a cemitérios, pedreiras, praias, encruzilhadas e outros locais a fim de oferecer determinados agrados aos espíritos malignos em troca de realizações maquiavélicas. Porém, também tenho certeza de que o filho de Deus é protegido pelo Senhor e, uma vez que foi justificado de todos os seus pecados e lavado no sangue do Cordeiro, nenhuma condenação há para ele. O crente em Jesus é habitado pelo Espírito Santo e guiado pela Palavra. Então, embora ele possa ser tentado e até mesmo oprimido, não se torna alvo da ação de espíritos que almejam destruir sua vida e acabar com sua paz.

Já com os incrédulos, a situação é diferente. Por não terem aliança com Cristo, estão sujeitos aos maus-tratos e à possessão por espíritos imundos. Tais demônios podem, sim, usar trabalhos de magia para prejudicar algumas pessoas e escravizá-las ainda mais. É importante frisar que não são somente os vitimados por esses trabalhos que acabam acorrentados, mas quem invoca os poderes das trevas acaba ainda mais enredado na teia de maldades. Certamente, colherá as consequências de seus atos.

Muitas pessoas têm dificuldade de distinguir se determinada dificuldade em sua vida é obra dos ataques de Satanás ou resultado das ações de Deus, que permite o sofrimento para podar e aperfeiçoar seus filhos. É realmente difícil fazer essa distinção, porque na prática parecem situações muito parecidas, que envolvem aflições. A boa notícia é que, venha a dificuldade do diabo, venha de Deus, o caminho é sempre o mesmo: resistir ao mal, fugir da tentação, dizer "não" ao pecado e à murmuração e permanecer firme. Na prática, descobrir a origem das dificuldades de nada adianta; o que importa é que, no fim, trilhemos caminhos de santidade, obediência e perseverança.

ESTÁ AMARRADO?

Muitas pessoas usam a expressão "Está amarrado!" para, supostamente, impedir a atividade de espíritos malignos. Será que essa prática encontra base bíblica? A origem do conceito de "amarrar" Satanás e seus demônios está em algumas passagens do Novo Testamento, a começar por uma expressão de Jesus nos evangelhos por ocasião da blasfêmia dos fariseus contra o Espírito Santo.

Jesus está expelindo um demônio, e os fariseus começam a dizer que ele o fazia pelo poder de Belzebu. O Senhor, então, responde com uma analogia:

> Todo reino dividido internamente está condenado à ruína. Uma cidade ou família dividida contra si mesma se desintegrará. Se Satanás expulsa Satanás, está dividido e luta contra si mesmo. Seu reino não sobreviverá. Se eu expulso demônios pelo poder de Belzebu, o que dizer de seus discípulos? Eles também expulsam demônios, de modo que condenarão vocês pelo que acabaram de dizer. Mas, se expulso demônios pelo

Espírito de Deus, então o reino de Deus já chegou até vocês. Afinal, quem tem poder para entrar na casa de um homem forte e saquear seus bens? Somente alguém ainda mais forte, alguém capaz de amarrá-lo e saquear sua casa.

Mateus 12.25-29

Em seguida, Jesus afirma:

Por isso eu lhes digo: todo pecado e toda blasfêmia serão perdoados, mas a blasfêmia contra o Espírito não será perdoada. Quem falar contra o Filho do Homem será perdoado, mas quem falar contra o Espírito Santo não será perdoado, nem neste mundo nem no mundo por vir.

Mateus 12.31-32

É nesse confronto de Jesus com os fariseus que surge a expressão. Trata-se de uma figura lógica: a primeira preocupação de um ladrão que tenha por objetivo roubar a casa de uma pessoa valente é subjugar o guardião, amarrá-lo a fim de ficar livre para realizar o assalto sem mais impedimentos. Quando Jesus fez tal analogia, queria dizer o seguinte: a razão pela qual estou saqueando a casa de Satanás, isto é, libertando as pessoas dos espíritos imundos, é porque já amarrei o principal dos demônios. Então, a amarração de Satanás começa com o ministério de Cristo, quando ele vem a este mundo como homem, prega a boa-nova, morre na cruz, ressuscita em triunfo sobre principados e potestades e se senta à direita de Deus, onde tem todo o poder que lhe foi dado nos céus e na terra. A partir daí, ele começa a comandar seu reino e realizar seus propósitos.

Ou seja, a amarração de Satanás, que teve início com a encarnação do Senhor Jesus, significa que ele foi vencido por Cristo na cruz. Paulo diz que Jesus "desarmou os governantes e as autoridades espirituais e os envergonhou publicamente ao vencê-los na cruz" (Cl 2.15). Diversas outras passagens bíblicas corroboram para o fato de que Satanás já foi amarrado na primeira vinda de Cristo.

A questão é compreender bem o que isso significa. As Escrituras não afirmam que Satanás está inativo, amarrado no inferno, sem poder fazer coisa alguma. Significa, simplesmente, que Jesus impôs um limite severo à ação de Satanás. Desde a primeira vinda de Cristo, de sua ressurreição e do derramar do Espírito Santo no Pentecostes, Satanás não pode mais enganar as nações. Ele não pode impedir que a luz do evangelho chegue a todos os povos. Antes, apenas a nação de Israel tinha o conhecimento de Deus, o culto verdadeiro, indícios da redenção e da salvação mediante as promessas e a esperança messiânica. Tudo estava restrito a Israel, enquanto Babilônia, Egito, Síria, Filístia e tantas outras nações estavam imersas nas trevas e na idolatria. Escravas de Satanás, seguiam falsas religiões, viviam em práticas imorais, eram ignorantes sobre Deus e estavam condenadas por seus pecados. Ali, Satanás de fato reinava.

Com a vinda de Cristo, o evangelho passou a ser pregado a todas as nações, em conformidade com a Grande Comissão. O diabo não pôde impedir isso. É nesse sentido que Satanás está amarrado. Ele já foi derrotado na cruz e na ressurreição, a vitória de Cristo é certa, o tempo está passando, Satanás aguarda o retorno de Jesus e, no momento determinado, seu tempo neste mundo acabará. Por essa razão, procura fazer o maior estrago possível, mas não pode destruir a Igreja nem impedir seu avanço no mundo.

Em certos momentos, a Igreja é perseguida e parece fraquejar, mas, se fizermos o somatório de todos os altos e baixos, ficará evidente que o reino de Deus vem avançando pelo mundo. Cristo triunfa pela pregação do evangelho a todas as nações.

Na segunda vinda de Jesus, haverá um período que chamamos de Grande Tribulação, descrito no sermão escatológico de Mateus 24 e Marcos 13, em que Cristo menciona o aparecimento do anticristo e uma perseguição feroz aos filhos de Deus, como nunca houve antes. Acredito que é nesse período que Satanás será solto, por um breve tempo, para liderar uma revolta final contra Deus. Mas, então, Cristo voltará e derrotará de maneira estrondosa, definitiva e irreversível o mundo, o pecado e Satanás. Por fim, o pai da mentira será lançado, com seus anjos, o anticristo e o falso profeta, no lago que arde como fogo e enxofre. Então o triunfo de Cristo será final e os salvos viverão para sempre em novos céus e nova terra.

Portanto, no presente momento, Satanás está vivo e ativo na terra. Ele está amarrado no sentido de estar limitado, como um cachorro preso em uma corrente grande. No espaço que a corrente alcança, ele faz muito estrago, mas não vai além dos limites que Deus lhe impôs.

A conclusão é que não há base bíblica para um cristão querer "amarrar" demônios, pois o contexto em que Jesus falou sobre "amarrar o homem forte" nada tem a ver com isso. Nós podemos, é claro, expelir demônios em nome de Jesus, resistir ao diabo e orar a Deus para que ele nos livre dos demônios. Estamos em uma guerra espiritual e, embora o inimigo já esteja vencido, a guerra segue acontecendo. Por isso, temos de nos vestir com a armadura de Deus e enfrentar os principados e as potestades em nome de Jesus.

DEMÔNIOS TÊM HIERARQUIAS E PODER PARA CURAR?

O mundo evangélico tem sido assolado nas últimas décadas por livros, seminários e grupos de pessoas que afirmam muitas coisas sobre hierarquias de anjos e demônios, com diversas conjecturas acerca de seu poder e escopo de atuação. Por isso, é importante analisarmos biblicamente a realidade acerca dos seres espirituais.

Essa é uma questão que contempla diferentes aspectos da existência espiritual e da atuação de anjos e demônios. O cristianismo advoga que eles existem, não como metáforas ou representações da maldade e da bondade do coração humano, mas como seres reais. A Bíblia deve ser a única fonte de verdade a respeito de anjos e demônios, e ela não deixa dúvida de sua existência.

Os demônios são seres caídos, criados originalmente como anjos, para o louvor da glória de Deus. Porém, eles se encontram em um estado de rebelião contra o Criador. Esses seres têm por objetivo destruir a criação de Deus e atacar a imagem do Senhor no ser humano. Por isso, seu alvo principal é a humanidade, criada à imagem e semelhança de Deus.

Os demônios, ao contrário do que muita gente pensa, não estão no inferno. Eles serão lançados nesse lugar de sofrimento quando Jesus Cristo vier em poder e glória para, finalmente, acabar com sua atividade neste mundo e dar-lhes o castigo merecido pela rebelião contra Deus.

Nós imaginamos que haja uma hierarquia entre os anjos caídos, uma vez que os anjos que permaneceram fiéis a Deus obedecem a uma hierarquia apresentada com certa clareza na Bíblia. As Escrituras se referem a arcanjos, querubins, serafins e anjos. Elas citam um arcanjo, Miguel, um ser poderoso que confronta Satanás na disputa pelo corpo de Moisés (Jd 1.9). Também há uma referência a um anjo chamado Gabriel, conhecido por aparecer a Maria para anunciar o nascimento de Jesus (Lc 1.26-38) e que, pouco antes, aparecera a Zacarias dizendo ser o anjo que assiste na presença de Deus (Lc 1.19), o que nos permite supor que seja uma categoria diferente.

Em Isaías, lemos a respeito dos serafins, seres que estão ao redor de Deus e se dedicam constantemente à adoração e ao serviço divino, clamando e proclamando a glória de Deus (Is 6.1-4). Em diversas passagens das Escrituras, vemos referências aos querubins, designados como anjos protetores (Gn 3.24; Êx 25.18-20; 36.7,35; 1Sm 4.4; 2Sm 22.11; 1Rs 6; Sl 80.1; 99.1; Is 37.16; Ez 10). Há, ainda, muitas referências a anjos, mensageiros que vêm da parte de Deus para executar suas ordens entre a humanidade, como bem define Hebreus: "os anjos são apenas servos, espíritos enviados para cuidar daqueles que herdarão a salvação" (Hb 1.14).

O raciocínio é que, se na ordem angelical existe uma hierarquia, podemos supor que ela também exista, de alguma forma, entre os anjos caídos, já que Satanás imita as coisas de Deus. Acredito que o principal dos demônios seja aquele que Jesus chamou de Belzebu, ou Satanás, também chamado de diabo, ou adversário, o inimigo de Deus e de nossa alma. Não sabemos se ele era um arcanjo ou um querubim, mas certamente era um dos anjos que ocupavam uma posição elevada na hierarquia angelical. Envaidecido por seu poder e beleza, achou que poderia tornar-se como Deus.

O movimento de batalha espiritual iniciado na década de 1980 se propôs explicar essa realidade, dizendo que existem demônios abaixo de Satanás, responsáveis pelos continentes. Eles seriam príncipes e, abaixo deles, haveria demônios responsáveis pelos países daqueles continentes. Assim seguiria, até encontrarmos demônios responsáveis por estados, cidades, bairros, ruas e assim por diante. Com isso, cunhou-se a ideia de "espíritos territoriais".

O curioso é que as pessoas que propagaram essa ideia tiveram por base, supostamente, entrevistas realizadas com os próprios demônios. Elas teriam recebido revelações conversando com pessoas endemoninhadas. Há uma tentativa de dizer que a base bíblica está em Daniel, em razão das referências ao "príncipe da Grécia" e ao "príncipe da Pérsia" (Dn 10.12-14,20-21). Tais pessoas dizem tratar-se de alusões a um ser espiritual responsável por aqueles países ou regiões. Porém, a expressão "príncipe da Pérsia" pode simplesmente se referir ao demônio que vivia no palácio do imperador da Pérsia e de lá tentava influenciar toda a nação. Não significa que ele tinha controle geográfico sobre a Pérsia ou algo semelhante.

Existe outra sugestão bíblica de que pode haver uma hierarquia entre os demônios. O apóstolo Paulo escreve aos efésios sobre a armadura de Deus, dizendo que "não lutamos contra inimigos de carne e sangue, mas contra governantes e autoridades do mundo invisível, contra grandes poderes neste mundo de trevas e contra espíritos malignos nas esferas celestiais" (Ef 6.12). Há quem veja nessa passagem três categorias de seres espirituais, quando, na verdade, Paulo está simplesmente se referindo aos mesmos seres, mas com três designações diferentes. Logo, essas palavras não servem de base para estabelecer uma hierarquia. Antes, mostram apenas que os demônios são organizados, têm um propósito, são poderosos, têm corpos espirituais, são invisíveis ao olho humano e agem com o objetivo de difundir a maldade.

Com relação ao poder dos demônios, temos de responder a partir do que a Bíblia diz, e não com base em experiências pessoais. Lembremos como Satanás agiu com Jó, fazendo cair fogo do céu para consumir seus rebanhos, enviando um vento forte que derrubou sua casa e ferindo-o com doenças terríveis (Jó 1.6—2.10). Com isso, sabemos que os demônios podem infligir doenças e têm algum controle sobre os elementos da natureza.

No Novo Testamento, vemos o caso de uma mulher que, vitimada por um espírito maligno, andava encurvada (Lc 13.10-17). Ou, ainda, do surdo que ficou curado assim que um demônio foi expulso dele, indicando que seu estado era provocado pela presença do demônio nele (Mc 7.31-37). O próprio Paulo menciona um espinho na carne que ele disse ser um mensageiro de Satanás, uma referência provável a uma enfermidade física (2Co 12.1-10). Em Apocalipse, João menciona ter visto demônios que se pareciam com sapos e que eram operadores de milagres (Ap 16.12-16). Isso nos remete ainda a 2Tessalonicenses, quando Paulo diz que Satanás opera sinais e prodígios de mentira para enganar as pessoas (2Ts 2.1-12).

A conclusão é que Satanás é capaz de fazer sinais, prodígios e todo tipo de truque para enganar as pessoas. Não temos como atestar a veracidade das curas feitas pelo diabo, mas o resultado delas é que a pessoa se torna escrava de Satanás e dos poderes das trevas.

ESTRANHAS DOUTRINAS DE BATALHA ESPIRITUAL

Nas últimas décadas, surgiram no seio de igrejas evangélicas diversas doutrinas de batalha espiritual. Com isso, uma série de conceitos até então alheios ao cristianismo passou a fazer parte da vida de cristãos e de igrejas, como mapeamento espiritual, espíritos familiares, laços de alma e legalidade de demônios. O ponto central desse movimento é a crença de que todo mal é demoníaco e que tudo de ruim que acontece na humanidade é produzido pela ação direta de algum demônio especializado em causar tipos específicos de mal. Isso incluiria doenças, perda de emprego, aflições pessoais, homossexualidade, adultério e coisas semelhantes.

Os expoentes desse movimento no Brasil chegam a identificar demônios que agem no país, associando-os aos chamados "deuses da umbanda" e alegando saber que pecado cada um produz. A questão é que não existe nenhum fundamento bíblico para isso. A Bíblia nos adverte da existência dos demônios e das ações e estratégias de Satanás, mas é muito discreta quanto à origem dos demônios, ao nome deles e à sua relação com determinadas atitudes pessoais. Logo, extrapola-se desmedidamente o texto bíblico, o que leva a um dos problemas desse movimento de batalha espiritual: ele baseia suas afirmações em experiências com supostos demônios, em profecias e revelações diretas da parte de Deus, e em entrevistas com espíritos malignos. Mas... e a fundamentação bíblica?

A Bíblia é muito clara quando diz que ocorre à nossa volta uma batalha espiritual, que os demônios almejam nos atrapalhar e nos destruir, a fim de impedir o testemunho de Cristo e causar a maior destruição possível até o dia do juízo. Disso não há dúvida. O problema é que esse movimento de batalha espiritual se apropriou do termo e redefiniu essa luta em uma perspectiva mística e pragmática, que não têm fundamentação nas Escrituras.

Por exemplo, vejamos o conceito de mapeamento espiritual. Os adeptos dessa ideia creem que, antes de evangelizar uma cidade ou implantar um trabalho em certo bairro, é necessário identificar quais demônios territoriais agem naquela região. Em seguida, tendo feito o mapeamento, seria possível agir diretamente contra eles e, então, pregar o evangelho. A questão é: onde se encontra isso na Bíblia?

Atos narra as primeiras empreitadas evangelísticas da Igreja, e não vemos ali nada parecido. Quando o apóstolo Paulo chegava a uma cidade, o que fazia? Não vemos nenhum relato de que ele agia dessa forma. Paulo não queria saber onde estava o demônio x ou y. Ele simplesmente ia às sinagogas e às praças e pregava o evangelho. Se aparecesse alguém endemoninhado, ele expulsava em nome de Jesus, como aconteceu em Filipos (At 16.16-18). Mas não vemos absolutamente nenhuma ocasião em que o apóstolo tenha saído em uma caçada a demônios antes de evangelizar.

Outro conceito muito presente nesse movimento é o da quebra de maldição. Onde há no Novo Testamento qualquer orientação para quebrar maldição de quem já se converteu, tornou-se habitação do Espírito Santo, foi justificado de seus pecados e nasceu de novo? Paulo diz que Deus "cancelou o registro de acusações contra nós, removendo-o e pregando-o na cruz. Desse modo, desarmou os governantes e as autoridades espirituais e os envergonhou publicamente ao vencê-los na cruz" (Cl 2.14-15). Em Atos, encontramos o apóstolo pregando o evangelho a pessoas envolvidas com feitiçaria e ocultismo e não o vemos promover nenhum ato de quebra de maldição.

Pedro, por sua vez, ao pregar o evangelho em Samaria, encontrou um ex-mago chamado Simão, que, convertido ao evangelho, deu mostras de que ainda estava preso a seus antigos caminhos. Diante disso, Pedro lhe disse: "Arrependa-se de sua maldade e ore ao Senhor. Talvez ele perdoe esses seus maus pensamentos, pois vejo que você está cheio de amarga inveja e é prisioneiro do pecado" (At 8.22-23). Fica claro que Pedro não lhe disse nada como: "Vamos quebrar a maldição, porque você ainda está ligado a seu passado". Nada disso. Não encontramos no Novo Testamento nenhum tratamento diferenciado para quem vem de uma vida de ocultismo, espiritismo ou algo semelhante. O caminho é sempre o mesmo: é preciso arrepender-se dos pecados e crer em Jesus Cristo.

Outra questão frequente no movimento de batalha espiritual é a de objetos amaldiçoados. No entanto, a Bíblia não diz que demônios entram em objetos. Sim, os espíritos malignos querem habitar a personalidade humana, mas não encontramos nas Escrituras nada sobre morar em árvores, estátuas ou objetos que vêm da bruxaria ou da feitiçaria.

No Novo Testamento, tampouco existe a ideia de "dar legalidade a demônios". A possessão demoníaca ainda é, em certo sentido, um mistério para nós, pois embora registre muitos casos a Bíblia nunca explicita a razão de determinada pessoa ter ficado endemoninhada. Por que, por exemplo, os gadarenos que Jesus libertou haviam sido possuídos? Não sabemos. O que é claro, no entanto, é que os confrontos de poder entre Jesus ou um discípulo com pessoas endemoninhadas sempre se resumiram à afirmação: "Saia, em nome de Jesus". Ninguém entregava microfone aos demônios. Tampouco se perguntava coisas como "Por que você entrou aí?" ou "Quem lhe deu legalidade?". O que ocorria era uma expulsão sumária. Com demônios não há acordo nem conversa.

Um dos lemas da Reforma Protestante estabelece que nossa fonte de informações acerca da fé cristã é exclusivamente a Bíblia. Obedecemos ao que se encontra na Palavra. Quanto ao que não consta dela, não temos obrigação de acatar. Tampouco devemos procurar o que as Escrituras não nos recomendam, sobretudo em uma área tão séria como a do relacionamento com principados e potestades do mal. Onde a Bíblia cala, nós calamos.

A única proteção que temos contra as forças malignas é a pessoa de Jesus. Nas palavras de Paulo: "Sejam fortes no Senhor e em seu grande poder. Vistam toda a armadura de Deus, para que possam permanecer firmes contra as estratégias do diabo" (Ef 6.10-11).

CONFISSÃO POSITIVA: HÁ PODER EM SUAS PALAVRAS?

Afirmações que se tornaram muito comuns em certos círculos evangélicos são fruto de uma heresia conhecida como confissão positiva. São afirmações do tipo: "Eu declaro prosperidade sobre a sua vida", "Eu decreto saúde", "Eu decreto o fim do salário mixuruca", e "Eu rejeito essa doença". Afinal, será que essa teologia tem base bíblica?

A teologia da confissão positiva é um movimento que surgiu no meio evangélico décadas atrás, com base nos ensinos de um pastor chamado Essek William Kenyon. Estudioso das áreas de comunicação e hermenêutica, adotou uma linha que defende a autonomia de um texto e de suas palavras, separadamente do autor. Assim, uma vez que o texto é produzido, o autor simbolicamente morre e o texto permanece vivo. Com isso, o significado está contido nos textos e nas palavras propriamente ditas.

Essa ideia de que são as palavras que contêm o sentido, e não a intenção de quem as escreveu, acabou sendo transposta por Kenyon para sua teologia. A consequência é que ele passou a afirmar que as palavras têm o poder de criar realidades espirituais. Desse modo, se você proferir afirmações abençoadoras como "Eu decreto a vitória" ou "Eu rejeito a doença", tais palavras gerariam uma realidade no mundo espiritual e, em seguida, no mundo concreto.

Com base na heresia da confissão positiva, um homem chamado Don Gossett escreveu um livro que se tornou muito famoso, intitulado *Há poder em suas palavras*. Outra obra que também divulgou esse conceito é *A quarta dimensão*, do sul-coreano David Yonggi Cho, que defendia uma teoria que se tornou muito famosa: ao orar, temos de dizer exatamente o que desejamos, e Deus será glorificado quando nos der o que pedimos. Outros nomes conhecidos adeptos dessa linha são Kenneth Hagin, Kenneth Copeland e Benny Hinn. Em comum, todos eles defendem que nossas palavras determinam as realidades espirituais e físicas ao redor.

E, assim como isso ocorreria de modo positivo, haveria um resultado negativo pelo lado contrário: se rogarmos praga ou amaldiçoarmos pessoas, as palavras ditas carregariam poder suficiente para destruir a vida do outro.

A confissão positiva teve seus desdobramentos, influenciando o surgimento da teologia da prosperidade e do movimento de batalha espiritual. Daí vem o uso de frases como "Eu amarro Satanás", "Eu decreto a queda do trono de Satanás" e "Goiânia é do Senhor Jesus". A crença é que essas afirmações de fé gerariam essa realidade e Cristo, de fato, faria o que é dito, os demônios perderiam autoridade, o poder das trevas seria quebrado e assim por diante.

A famosa Marcha para Jesus também é influenciada pela confissão positiva, porque os participantes marcham em determinado território reivindicando-o para Deus. Eles acreditam que, se o povo de Deus marchar e declarar publicamente que "São Paulo é do Senhor Jesus", isso de fato acontecerá. Porém, eles se esquecem de que uma cidade só será do Senhor Jesus mediante a pregação do evangelho. Não creio que há muito o que aproveitar desse movimento, pois ele carece de virtude bíblica.

O MOVIMENTO DE IGREJAS EM CÉLULAS É LEGÍTIMO?

O movimento das igrejas em células vem crescendo e ganhando corpo no Brasil. Isso desperta a seguinte questão: será que existe base bíblica para permitir ou rejeitar tal metodologia? A resposta para essa pergunta não é simples, e alguns elementos precisam ser destrinchados antes de chegarmos a uma conclusão.

O uso de pequenos grupos para comunhão, discipulado, crescimento espiritual e evangelização é perfeitamente correto. Não há nada errado em igrejas terem grupos que se reúnem durante a semana para orar e estudar a Bíblia. Aliás, a estratégia de pequenos grupos é muito antiga e sempre trouxe excelentes resultados, pois o número reduzido de pessoas permite uma maior aproximação entre os participantes do que um culto na igreja. A interação se dá mais facilmente, as oportunidades de abrir o coração são maiores, o estreitamento de laços de amizade é mais eficaz, enfim, o pequeno grupo permite que o indivíduo se sinta verdadeiramente participante daquela comunidade.

Portanto, os pequenos grupos são muito úteis e creio que toda igreja com certa quantidade de membros deveria adotar algum sistema de comunhão e discipulado semelhante. Em igrejas grandes, a liderança não dá conta de conhecer todo mundo, e os pequenos grupos ajudam muito no pastoreio. Já igrejas pequenas, com até cem ou cento e cinquenta membros, conseguem estimular a comunhão entre os membros sem a necessidade de grupos menores.

O problema com os modelos do tipo "Igreja em células", "MDA", "G12" e similares é que tais métodos apresentam o pequeno grupo, ou "célula", como a única maneira de promover o discipulado, a edificação e o crescimento. O equívoco é esse exclusivismo. A Bíblia nos mostra que Jesus tinha um grupo pequeno ao redor dele, os doze, mas tinha também o grupo dos setenta discípulos. Ele falava às multidões. E, no dia de Pentecostes, cento e vinte irmãos estavam reunidos no mesmo lugar. Percebemos assim que, embora os pequenos grupos tenham valor, eles não são o único método de Deus edificar sua igreja e fazer seu reino avançar. Em suma, não me oponho aos pequenos grupos, mas ao exclusivismo desses métodos.

Neste ponto, precisamos fazer uma distinção muito importante entre igreja *em* célula e igreja *com* célula. A igreja *com* células é uma igreja tradicional, que se reúne aos domingos para celebração da Ceia, pregação da Palavra, edificação dos irmãos, estudo, adoração, louvor e tudo o mais, e durante a semana promove o encontro dos membros em células (ou pequenos grupos). Já a igreja *em* células é diferente porque, nesse modelo, a igreja se reúne e realiza suas atividades principais nos grupos pequenos. Nas células recolhem-se as ofertas, batizam-se os convertidos, aplica-se a disciplina, enfim, realiza-se tudo o mais que, nas igrejas tradicionais, geralmente ocorre nos domingos. Para que uma igreja em células funcione, é necessário que cada célula tenha uma liderança habilitada e com condições de batizar, excluir, admitir, recolher dízimos e administrar as entradas.

O problema da igreja em células é que, por ser tão descentralizada, fica vulnerável a erros. O controle do que se faz nessas células é restrito, pois é preciso dar autoridade ao líder de cada grupo para fazer o que tem de fazer, e nem sempre é possível manter um controle rigoroso das atitudes desse indivíduo. Além disso, a administração dos sacramentos (batismo e Ceia) pertence ao Corpo de Cristo, à comunidade dos fiéis reunidos como um todo. Designar pessoas qualificadas para liderar essas células e atribuir-lhes toda essa autoridade não é tarefa fácil e pode escancarar as portas para o surgimento de problemas. Não é de admirar que igrejas que seguem esse modelo costumem se dividir. Com o tempo, perde-se o senso de comunhão com a comunidade maior.

O que me incomoda mais é que esses modelos muitas vezes são apresentados como fruto de uma suposta revelação divina. Por exemplo, o movimento G12 começou quando seu fundador, César Castellanos, alegou ter recebido uma revelação de Jesus, na qual o Senhor dizia que o plano dele sempre foi manter grupos de doze. Assim, Cristo estaria insatisfeito com o fato de a Igreja ter "perdido essa visão" durante a história e, agora, estaria restaurando a visão dos doze. Infere-se que, se o modelo G12 é uma revelação divina, todas as igrejas que não adotam esse formato estão seguindo um modelo pecaminoso, o que é um absurdo.

Caso se trate apenas de metodologias, é uma coisa. Mas, se são infectadas por ideologias e teologias supostamente oriundas de uma revelação extrabíblica de Deus, temos um problema grave. Portanto, sou a favor de pequenos grupos, mas sou contra a ideia de que determinados modelos foram dados por revelação divina. A Bíblia não apresenta um modelo, mas apresenta, isto sim, a necessidade de comungar, crescer, edificar, pregar o evangelho e discipular.

SOBRE O AUTOR

Augustus Nicodemus Lopes é pastor presbiteriano (IPB), escritor e professor. Casado com Minka Schalkwijk, é pai de Hendrika, Samuel, David e Anna.

Obras do mesmo autor:

Confissões de um pregador
Cristianismo descomplicado
Cristianismo facilitado
Cristianismo simplificado
O ateísmo cristão e outras ameaças à Igreja
O que a Bíblia fala sobre dinheiro
O que a Bíblia fala sobre oração
O que estão fazendo com a Igreja
Polêmicas na Igreja

Compartilhe suas impressões de leitura,
mencionando o título da obra, pelo e-mail
opiniao-do-leitor@mundocristao.com.br
ou por nossas redes sociais

Esta obra foi composta com tipografia Adobe Garamond Pro e
impressa em papel Pólen Natural 70 g/m² na Imprensa da Fé